Kleine Edition

Hanns Cibulka

WEGSCHEIDE

Tagebucherzählung

Mitteldeutscher Verlag
Halle · Leipzig

ISBN 3-354-00301-4

2. Auflage
Lizenz-Nr. 444-300/66/90 · 7001
Printed in the German Democratic Republic
Illustrationen: Hans Georg Anniés
Gesamtherstellung: Offizin Andersen Nexö,
Graphischer Großbetrieb, Leipzig III/18/38
Best.-Nr. 639 383 1

00700

MEINER TOCHTER ANNETTE

Ich begreife nicht, wie man an einem Baum vorübergehen kann, ohne glücklich zu sein …

Dostojewski

DIE Finnhütte liegt auf dem Hög. Unter einem tief herabgezogenen Dach eine weißgetünchte Grundmauer, alles andere ist Holz, kein Mauerwerk aus hartgebrannten Ziegeln, keine Felsbrokken. In den Höhenlagen des Thüringer Waldes wehrt Holz die Kälte besser ab als Stein. Das steile Dach ist mit Schiefer gedeckt, ein sicherer Schutz gegen die Schneemassen.

Auch in der Hütte ist alles aus Holz, kein Mörtel bröckelt ab, die Wände sind nicht mit Rissen durchzogen, keine Wasserflecken im Mauerwerk, wenn der Herbstregen kommt. Man spürt in den Nächten, wie die Balken noch atmen.

Die Wohnstube geht nach dem Süden, sie ist einfach eingerichtet, kein Sofa, keine Polstersessel, ein paar Möbel für den täglichen Bedarf, nichts, was das Bewußtsein einschläfert, kein Fernsehapparat, in der Küche keine Gefriertruhe, aber dafür ein Felsenkeller, aus dem Rotliegenden herausgesprengt. In der Mitte der Stube steht ein mächtiger Heißluftofen, gut für die Wurzelstöcke im Winter. Hinter dem Ofen führt eine Holztreppe hinauf in den Schlafraum. Vor der Hütte kein Straßenlärm, keine Klingel an der Tür, kein Namensschild, man kann stehenbleiben, vorübergehen, die Wände haben keine Ohren.

Die Finnhütte ist kein Haus, in dem man für immer wohnen kann. In den Wintermonaten, wenn der Sturm den Schnee meterhoch an die Hauswand treibt, kehre ich nach Gotha zurück, dann ist die Hütte ohne Mieter, dann machen sich im Schlafraum die Siebenschläfer breit, und an den alten Manuskripten nagen die Mäuse. Schließe ich im März die Tür wieder auf, wundert man sich, daß alles noch so dasteht wie im vergangenen Jahr. Die Zeit scheint stehengeblieben, erst später, wenn ich die Fensterläden aufstoße und im Raum auf und ab gehe, beginnt die Uhr zu ticken.

21. März

FRÜHLINGSANFANG – aber der Wind ist kalt wie an den Tagen zuvor, keine Märzenbecher, keine Gerüche, auch der Seidelbast im Garten scheint den Frühling verschlafen zu haben, vor dem Fenster ein regnerisches Grau, die Höhenzüge im Osten sind mit einer Nebelhaube bedeckt, die Wolkenbänke über dem Hög herabgesunken, die Spitzen der Fichten ertrinken in einem naßkalten Schleier.

Verabschiedung. Ich erinnere mich an die üblichen Reden, den Dank, den Händedruck. Das alles ist nun vorbei, die wichtigsten Jahre des Lebens sind durchschritten, man ist an einem Punkt angekommen, wo jeder seine eigene Situation neu überdenken muß. Nur nicht zurückschauen, sage ich mir, ein neues Ziel anvisieren, ob man es erreicht, ist eine andere Frage, ein anderer Lebensabschnitt hat begonnen, der letzte, den man ausschreiten muß.

Wie werden die kommenden Tage sein, die Wochen, die Monate? Ich kann mir das Leben, das jetzt auf mich zukommt, noch immer nicht vorstellen. Die Zeit wird langsamer vergehen, keine Mitarbeiter, ich bin auf mich selbst zurückgeworfen, ein Wurf, den man abfangen muß, damit die restlichen Jahre nicht in ein Geworfensein übergehen. Ich werde mich auf einen anderen Tagesrhythmus einstellen müssen, so manches wird einen anderen Stellenwert erhalten, nach vierzig Jahren Arbeit fällt vieles wieder ab. Man blättert im Buch des Lebens ein paar Seiten weiter und ist plötzlich bei den letzten Buchstaben im Alphabet angekommen. Das Leben erreicht eine neue Fallgeschwindigkeit.

So lebenssicher, wie wir uns nach außen hin auch geben, ist keiner. Ich erinnere mich an das Wort von Rilke aus der vierten Duineser Elegie: »Und irgendwo gehen Löwen noch und wissen, solang sie herrlich sind, von keiner Ohnmacht.«

25. März

HEUTE nacht wurde die Sommerzeit eingeführt, der Tag wird um eine Stunde länger.

Warum habe ich mich in Tambach festgesetzt und nicht in Friedrichroda oder Reinhardsbrunn, sollte es wirklich nur die Schenke »Zur Wegscheide« gewesen sein, die mir den Anstoß gab, meine Zelte in dieser Gegend aufzuschlagen?

Die Hauptverkehrsstraße von Gotha nach Schmalkalden führt über Tambach-Dietharz. Erst heute frage ich mich: Woher kommen diese beiden Namen, von Damm-bach, von Diethardis? In der Mitte des dreizehnten Jahrhunderts wurde der Ort zum erstenmal genannt: Eine Rodesiedlung, so habe ich mir sagen lassen, eine Häuserzeile, ein paar Gehöfte. In den Wäldern hat man das Holz geschlagen, Peche wurden gekocht, Harze gewonnen. Unter dem Bischofsstab setzten sich die Handwerker fest, eine Handelsstraße ging durch den Ort, eine »strata publica«, sie führte von Erfurt über den Thüringer Wald bis nach Nürnberg.

In dieser Landschaft gab es keine weltgeschichtlichen Gegensätze, keine Sprachgrenzen, kein fremdsprachiger Keil schob sich von Osten oder Süden her ins Land, es gab auch keine Unterwanderungen deutschsprachiger Gebiete, wie ich es aus meiner alten Heimat her kenne.

Die Orts- und Flurnamen gehen weit ins Mittelalter zurück, sie haben keinen fremdsprachigen Stamm, schon vor siebenhundert Jahren wurde hier in deutscher Sprache gearbeitet, gebetet und gestorben. In diesen waldgeschützten Tälern breitete sich die wirtschaftliche Macht des Adels aus. Die Sachsen-Ernestinischen Herzogtümer haben sich gebildet: Weimar, Gotha, Eisenach. Wehe, wenn man in die Hinterhöfe dieser Herzogtümer einmal hineinsieht, was gab es da nicht alles für Querverbindungen, Sippschaften, verwandt und verschwägert bis ins dritte, vierte Glied der Geschlechter. Aber das alles wurde längst schon in anderen Schriften festgehalten, niedergeschrieben, es gibt Beiträge zur Siedlungsgeschichte, es gibt Bilderfolgen, die uns zurückführen bis in den Dreißigjährigen Krieg. Mir geht es in Tambach nicht um das Geschichtliche, Heimatkundliche, ich will in dieser Landschaft ganz woanders ankommen.

Die Gegend um Tambach-Dietharz zeichnet sich weder durch Elementarkraft noch durch andere beeindruckende Naturformen aus, es ist deutsches Mittelgebirge, keiner der Berge überschreitet die Neunhundertmeter-Grenze. Wer hier unterwegs ist, wird vergebens nach besonderen Merkmalen suchen, alles ist unauffällig, kein erloschener Vulkan, keine Kalksteinfelsen, der Boden ist karg, er kennt nicht die Üppigkeit der Lößlandschaft, umsonst wird der Wanderer Ausschau halten nach einer Barockkirche, einem Kloster, die Täler sind in dichte Wälder gefaßt, Fichte, nur selten Mischwald.

Wenn man die Landkarte von Tambach aufschlägt, findet man rund um den Ort, in den dunklen rostroten Stellen, die das orographische Element der Landschaft andeuten, die eigenartigsten Namen eingezeichnet: *Rosengarten, Neue Ausspanne, Wolfstellerwiese, Vierpfennighaus, Steinerner Gasthof*, doch keiner kennt mehr die Holzfäller, die Fuhrleute und Fallensteller, die vor vielen Generationen einer Herberge, einer Waldwiese solche Namen gegeben haben.

In dieser Landschaft leben die Menschen auch heute noch mit den Jahreszeiten, dem Rhythmus von Tag und Nacht, sie sehen die Umkreisungen der Gestirne, den Sommerhimmel, den Winterhimmel, sie gehen zur Arbeit wie in den Großstädten unseres Landes auch, aber der Atem geht nicht so flach, nicht so hastig, sie wissen, daß das Wesentliche im Leben nicht gemacht werden kann, wie man Autos oder Motorräder macht, ein jeder weiß, daß der Apfelbaum seine Zeit braucht zum Wachsen, und der Mensch, der dieses Wachstum täglich vor Augen hat, ist in vielen Dingen ein anderer als jener, der das Machbare selbst noch auf die Unendlichkeit überträgt.

In-den-Schlaf-Fallen, das kann ich heute nicht mehr sagen. Ich lege mich ins Bett, greife nach einem Buch, doch ich lese an den Worten vorbei, sie huschen über die Netzhaut hinweg, ich lösche das Licht, höre auf die Sprache des Windes, der sich in den Ästen verfängt.

28. März

SEIT Tagen streicht vom Westen her ein warmer feuchter Wind, hungrig leckt er die verbliebenen Schneefelder auf, der hartgefrorene Boden wird weich und tief.

Die Bäume haben noch immer nicht ausgeschlagen, kein Laubdach, aber im Steingarten blüht eine Blume, die kaum der Pflege bedarf, die Hepatica triloba, die Leberblume. In den Buchenwäldern blüht sie zu dieser Jahreszeit oft schon in ganzen Kolonien.

Kaum einen Fingerbreit über der Erde leuchten ihre Blütensterne, als würden sie unmittelbar aus dem Boden hervorbrechen. Die Blütenblätter sind aus einem hellen kräftigen Blau, voll erblüht stehen sie waagrecht ab, die Stiele sind kurz. Später, wenn der Blütenflor vorbei ist, schieben sich die grünen nierenförmigen Blätter ans Licht und bilden einen dichten spannhohen Teppich.

Über den Bergen ein weißes Mittagslicht, Vorfrühling.

2. April

MEIN Freund, der Intarsienschneider, hat seine Werkstatt in einem alten, aber schönen Bauernhaus. An der Hauswand kein Firmenschild, kein Namenszug an der Tür, der Weg führt über den Hof, vorbei an einem Lindenbaum, der unter Naturschutz steht.

Die Werkstatt liegt im Parterre, es ist ein großer heller Raum mit drei Fenstern, die nach Süden gehen. Auf dem Fensterbrett ein paar Blumentöpfe mit alter verbrauchter Erde. In der Mitte des Raumes steht der Arbeitstisch, ein wuchtiger Bauerntisch aus dem siebzehnten Jahrhundert. Im Nebenzimmer liegen die Hölzer: Birnbaum, Nußbaum, Eiche, aber auch Eben- und Rosenholz. In diesem Raum duftet es nach Wald, nach Rinde, es ist ein herber Geruch.

Robert kommt aus der Rhön, aus Kaltennordheim, wo die Holzschnitzer seit Generationen zu Hause sind. Das Klima in diesen Bergen ist rauh, nebelreich, der Ackerbau mühsam. Er kennt die Melancholie der Basaltblöcke mit ihrer säulenförmigen Absonderung, das Schweigen der Bergkuppen. Ich habe ihn nur selten von seiner Heimat sprechen hören.

Sein Gesicht hat etwas Bäuerliches, es ist derb. Er hat dunkles Haar, das an den Schläfen in ein helles Grau übergeht, auf seiner Haut bilden sich die ersten braunen Flecke. Er ist fast immer gleich angezogen, eine Kordsamthose, ein buntes Flanellhemd, in der kälteren Jahreszeit trägt er eine Joppe aus gewalktem Loden. Wenn er sich stehend über den Arbeitstisch beugt, hängt ihm die Brille, ein einfaches Drahtgestell, über die Nase.

Robert ist seit Jahren ein anerkannter Kunstschreiner. Er restauriert alte Möbel, frischt sie auf, überholt die Intarsien, seine Arbeit wird von den Museumsdirektoren gelobt, von den Kirchen geschätzt, man weiß, daß er zu den wenigen gehört, die es im Thüringer Land heute noch gibt. Er hat sich aber auch als Intarsienschneider einen Namen gemacht, so manche Urkunde hängt an der Wand. Im Sommer 1943 war er monatelang Soldat in Florenz und Siena. Bei einem ganz profanen Möbelbauer hat er die hölzernen Einlegearbeiten zum erstenmal gesehen. Seit jenem Tag verbrachte er jede freie Stunde in den Kirchen und Museen. Die Florentiner Chorstühle hatten es ihm angetan, die Blattbildungen des Akanthus, die Intarsientüren mit der Gestalt Dantes. Er erinnert sich noch heute an die Zypressen in der Toscana, an die Pinienwälder am Meer.

Nach dem Krieg arbeitete er als Möbeltischler in Friedrichroda. Den ganzen Tag stand er an der Hobelbank, an der Säge. Eines Tages wurde er zu einem Meisterlehrgang delegiert, drei Jahre später bekam er für einen modernen Schreibsekretär den Meisterbrief.

Robert lebt allein. Ich möchte nicht in eine solche nichtssagende Gemeinde wie Tambach-Dietharz abrutschen, hat seine Frau zu ihm einmal gesagt, ich bleibe in Erfurt. Nun ist sie aus seinem Leben fast schon verschwunden. Wenn ihm Freunde oder Bekannte von ihr erzählen, dann hört er kaum noch zu.

Johannes, es gibt Dinge, die muß man ganz einfach vergessen, wenn man überleben will. Von einer Scheidung will er nichts wissen, da schreckt er zurück, das alles ist ihm viel zu unbequem, die Fahrt zum Gericht, die Termine, die Gespräche mit dem Rechtsanwalt. Nun lebt er seit Jahren von ihr getrennt, allein mit seinen Hölzern, dem Schnitzmesser, der Laubsäge, dem Stichel …

Ich habe nie gewußt, wie schön Intarsien sein können, wie ruhig diese Bilder an den Augen vorbeiziehen. Wenig Abwechslung, so habe ich früher gedacht, immer nur diese stilisierten ineinandergeflochtenen Zweige, diese Mäander.

Es gibt Intarsien, wo die Pflanzen ihre Blätter aufschlagen, Pflanzen, die man erraten muß, weil sie keinen Namen haben, wachsende Ranken, als wollten sie den Blick des Betrachters vergittern, es gibt Tiere, die mit sich selbst beschäftigt sind, wappentragende Tiere, der Mond kommt hoch über einem See, und immer wieder diese Vögel, singende Vögel zwischen einem Gitter blühender Rosen.

Es ist eine andere Kunst, ein anderes Leben, vielleicht etwas leiser als die Arbeit des Bildhauers, verhaltener als die eines Malers, vielleicht kommen diese Bilder aus einer längst vergessenen Welt auf uns zu.

Wir sagen Meisterschaft und sind im Grunde Dilettanten, weil wir die Liebe ausklammern, sagt Robert, wir wissen immer noch nicht, was die Arbeit eines Menschen wirklich ausmacht, Geschäfte treibt man von außen, diese Arbeit muß man von innen heraus tun.

7. April

DIE Kälte scheint endgültig gebrochen. Ich gehe in den Garten, unter den Bäumen Altschnee, zusammengesackt, verharscht, da und dort tritt das Rotliegende durch die Schneedecke hervor. In den nackten Ästen ein leises, verhaltenes Vogelrufen. Am Horizont die langgezogenen Kuppen der Berge, die Kämme schimmern immer noch weiß, sie erinnern mich an das Altvatergebirge …

Acht Jahre muß ich alt gewesen sein, als ich zum erstenmal den Namen Schubert las, es war in der Kirche. Sonntag für Sonntag haben wir seine

»Deutsche Messe«, die Schülermesse, in der katholischen Pfarrkirche zu Sankt Martin gesungen:

> Wohin soll ich mich wenden,
> wenn Gram und Schmerz mich
> drücken ...

Es war ein einfacher Strophengesang voller Melodik, die polyphone Stimmführung wurde vermieden. Das eigenartige aber war, daß mir schon damals sein Name im Gedächtnis blieb.

Seine Mutter kam aus dem Altvatergebirge, dem österreichisch-schlesischen Raum. Sie war eine geborene Elisabeth Vietz, eine Handwerkerstochter aus Zuckmantel, einem kleinen Marktflecken am Fuß der Bischofskoppe. Von dort aus übersieht man auch heute noch das ganze Gebirge, die Hochschar, den Kepernik, das Heidebrünnl, den Altvater, das ganze niedere Gesenke. In dieser Gegend wurde aber auch sein Vater geboren, im nordmährischen Randgebiet, in Mährisch-Neudorf, einem kleinen deutschen Bauerndorf in slawischer Nähe. Frühzeitig suchte er den Weg nach Wien.

Schubert, ein Name, der alltäglich ist, der nicht aufhorchen läßt, wenn man ihn ausspricht, ein Name wie Schulze, Lehmann oder Müller auch, der nur in meiner Erinnerung etwas Hintergründiges mit ins Spiel bringt. Vielleicht ist es das u, dieser dunkelste aller Vokale, vielleicht das b, es hört sich an, als würde ein Bergbauer mit der Faust auf den Tisch schlagen.

Am 31. Jänner 1797, nachmittags um halb zwei Uhr wurde Franz Peter Schubert im Haus am Himmelpfortgrund Nr. 72 geboren …

9. April

DER Winter ist noch einmal zurückgekehrt. Schnee, nichts als Schnee, die beiden Wassertonnen vor dem Haus sind eingeschneit, ich sehe die Vögel vor dem Fenster ankommen und wieder abfliegen.

Meine Tage sind nicht mehr ausgefüllt durch einen festgelegten Arbeitsplan, ich bin auch nicht mehr in ständiger Anspannung, Bewegung. Das Gefühl für die eigene Existenz ist plötzlich wieder da, das Fragen, Denken und Handeln hat andere Ursachen, es wird auch nichts mehr angeordnet, man kann gehen und kommen, wie es einem beliebt.

Fünfunddreißig Jahre lang habe ich als Bibliothekar in der Heinrich-Heine-Bibliothek gearbeitet. Wie oft habe ich in dieser Zeit den Leser vor den Regalen beobachtet, wie er ein Buch durchblättert, so recht in Eile, und wie oft habe ich die Redewendung gehört: Ich brauche etwas zum Einschlafen.

Es gab aber auch Leser, die kämpften sich von Buch zu Buch, durch den ganzen Thomas und Heinrich Mann, durch die Gesamtausgabe der Anna Seghers, durch Proust. Auch diese Leser haben das Lesen mißverstanden, sie sind Monat für

Monat mit drei umfangreichen Romanen nach Hause gegangen, sie wollten alles, was in den Regalen steht, in sich aufnehmen, sie haben nicht gewußt, daß man auch warten muß, bis ein Buch den Menschen ruft.

Ich will nicht von den Lesern reden, die immer etwas zum Einschlafen brauchen, etwas Gedrucktes, ich will von den richtigen Lesern reden, die es auch bei uns gegeben hat. Man konnte es ihnen ansehen, wenn sie vor den Regalen standen: Das ist ein Leser, ein richtiger Leser, habe ich mir gesagt, er läßt sich nicht stören, beunruhigen von den anderen Bänden im Regal. Diese Leser haben im Verhältnis nur wenig Bücher mitgenommen, sie sind mit ihnen umgegangen wie mit etwas Lebendigem, das einem ganz nahesteht, das man nicht so schnell aus der Hand gibt, sie haben immer gewußt, wann und wo man aufhören muß. Sicher hat sie das Gelesene nicht gemacht, ich habe mich oft mit ihnen darüber unterhalten, es hat sie immer nur beunruhigt.

14. April

ES ist ein feuchter, kalter Aprilmorgen, ich trete vor die Tür und sehe hinüber auf die schneebedeckten Berge …

Seit Tagen geht mir die »Wanderer-Fantasie« nicht mehr aus dem Ohr. Was kommt in dieser Komposition nicht alles auf mich zu, es ist das Altvatergebirge, das vor meinen Augen aufsteigt. Erinnere dich, hier muß es gewesen sein, es ist nicht nur das österreichische Element, der österreichische Charakter, derb, sinnlich, gefühlvoll bis zur Sentimentalität, hier ist noch etwas anderes mit im Spiel, etwas düster Hintergründiges. Wie eine plötzliche Erinnerung muß es über ihn gekommen sein, das Land seiner Mutter: »Ich komme vom Gebirge her …« Hier bricht aus den Tönen eine Landschaft hervor, die man vergebens im Umkreis von Wien suchen wird.

Hat Schubert in der »Wanderer-Fantasie« wirklich den Versuch unternommen, die Sonatenform aufzulösen? Der Grundriß ist viersätzig, die Kontraste, die in der Regel zwischen den einzelnen Sätzen einer Sonate bestehen, werden in einem einzigen Satz gestaltet. Jedes Thema eine Keimzelle für sich, man hört, wie ein Motiv sich aus dem anderen entwickelt. Die stete Unruhe, die das Wandern mit sich bringt, dieser rhythmische Grundgedanke gibt dem Werk seine innere Geschlossenheit. Keine Beschaulichkeit, die harmonische Stille des Lebens wird in Frage gestellt, in dieser Komposition dominiert das Werden, nicht das Sein.

Die rhythmische Keimzelle: ein Viertel und zwei Achtel auf der Tonika C-Dur, dazwischen eine Sechzehntelfigur auf der Tonikaparallele. Dem Sturmwind gleich jagt das Motiv in aufwärts steigender Chromatik durch alle Tonarten hindurch. Immer wieder gewinnen die wuchtigen Akkorde die Oberhand. Ein Wandererthema, gewaltig, zielbewußt, ohne Pathos, und plötzlich, wie aus weiter Ferne, diese flüchtig-leichte Wehmut, dieses Unverkennbare in Schuberts Musik.

Die ersten Takte der »Wanderer-Fantasie« sind für mich mehr als nur ein brillantes Feuerwerk mit eindrucksvollen Passagen, ich höre in diesen Tönen den Sturm über die Bergkuppen meiner Heimat gehen, Bergbäche in Dur und Moll stürzen die Täler hinab, da gibt es Steilhänge, die man nur mit chromatischen Tonleitern bewältigen kann, Passagen, die an der Grenze der Spielbarkeit stehen. Hat Schubert nicht selbst geflucht, um teuflischen Beistand gebeten, wenn er die Fantasie seinen Freunden vorgespielt hat?

Der Sturm nimmt ab, die »Sonne dünkt mich hier so kalt«, das Wandererthema tritt aus dem Schatten hervor, ein Adagio in cis-Moll. Das Thema wandelt sich, die Gestalt des Wanderers geht vom Bild hinüber in den Ton, verliert sich, taucht plötzlich wieder auf, Tremolo-Effekte und dann, welch glückhaftes Erschrecken, dieser Presto-Teil, der Tanz in Des-Dur.

Bergdörfer mit einem Bauernhimmel, blau. Ich sehe, wie sie ankommen, die Dorfmusikanten, die Streicher, die Holzbläser, das Blech. Die Fenster der Wirtsstube sind geöffnet, auf den Notenständern die selbstgeschriebenen Noten. Komm, hol dir die Bluse aus dem Schrank, den Taftrock schwarz. Es ist, als hätte Schubert mit diesem Ländler, der fast schon zu einem Walzer wird, ein neues Himmelszelt über den Dörfern meiner Kindheit ausgespannt.

Der Schlußsatz ist ein Fugato, das Eröffnungsthema wird fugiert, wuchtige Akkorde, gewaltige Tremoli, die Polyphonie löst sich in einem virtuosen Klaviersatz auf.

Bei Walther Vetter habe ich gelesen, der »Wanderer-Fantasie« fehle die »freie phantasiemäßig zerrissene Form«. Phantasie hat für mich keineswegs etwas Zerrissenes, die höhere Phantasie war schon immer schöpferischer als der Verstand. Dem Wanderer ist die Freiheit mit auf den Weg gegeben, aber auch das Gesetz.

Die »Wanderer-Fantasie«, eine Motivation für eigene Erlebnisganzheiten? Bei anderen Menschen kann die Komposition etwas ganz anderes auslösen, einen anderen Eindruck hinterlassen, die emotionale Wirkung der Tongeschlechter ist unterschiedlich. Schuberts Musik hatte schon in meiner Kindheit eine ins Leben hineinzeichnende Wirklichkeit.

Der Himmel wird von Nacht zu Nacht klarer, die Sternbilder des Lebens beginnen sich zu ordnen.

16. April

VOR dem Fenster ein warmer Regen, er durchtränkt die Schneefelder auf den Bergen, löst die Eisdecke, breite Wasseradern rinnen den Hög hinab, der Angriff auf die letzten Bastionen des Winters hat begonnen.

Swantie sitzt auf der Holztreppe und blickt mich mit ihren gelbgrünen Augen an. Ich beobachte ihre Pupillen, den schmalen senkrechten Schlitz. Seit meiner Kindheit ist mir die Katze ein Freund, ein Begleiter.

Die leiseste Bewegung im Haus, ein Windzug, der den Vorhang bewegt, eine Florfliege, alles wird registriert, der ganze Körper ist Empfindsamkeit, Sensivität.

Ich kenne kein anderes Tier, das in seinen Bewegungen so harmonisch ist, das in seinem Wesen so bewußt auf ein Ziel losgeht. Eine Katze stürmt nicht wie ein Hund bedenkenlos auf etwas zu, sie sitzt da, beobachtet, sie hat Zeit, viel Zeit, sie wartet, kann sich beherrschen, doch wenn der Augenblick gekommen, dann ist ihr ganzer Körper Aktivität.

Katzen leben ihr eigenes Dasein, ihren eigenen Rhythmus, sie leben nicht vom Blick, von der Gebärde ihres Herrn, sie lassen sich nicht zum Befehlsempfänger degradieren, sie bleiben sich selber treu.

Das Schönste an einer Katze: sie ruht in sich selbst.

18. April

AUF dem Hög gibt es keinen Terminkalender mehr, keine Arbeitsbesprechungen beim Rat der Stadt, das Gefühl für die meßbare Zeit tritt mehr und mehr in den Hintergrund, ein bedenkliches

Gleichmaß hat von meinem Leben Besitz ergriffen, der Hang zu einer spartanischen Lebensführung nimmt zu.

Ich weiß, daß hinter den Höhenzügen des Thüringer Waldes der Schrecken immer noch in der Welt ist, daß ich im Windschatten lebe, im ruhigen Auge eines Taifuns.

Auf dem Tisch liegt ein schmaler gelber Band aus der Insel-Bücherei, er hat siebenunddreißig Seiten, nicht mehr, es ist die Erzählung »Der Großinquisitor« von Dostojewski.

Die Handlung ist bekannt, sie spielt im sechzehnten Jahrhundert in Sevilla, in der Zeit der Inquisition. Leise und unauffällig steigt Christus noch einmal auf die Erde herab, wird von den Menschen erkannt, verehrt, tut Wunder. Der Kardinal sieht, was vor den Toren seiner Kathedrale geschieht, und läßt ihn verhaften. Die Wache führt den Gefangenen in ein dunkles Verlies. In der Nacht öffnet sich die Gefängnistür, der Kardinal betritt den Raum, und nun beginnt ein Monolog, wie er alle hundert Jahre nur einmal geschrieben wird.

Am Abend schlage ich die »Wanderer-Fantasie« auf. Auf den Notenblättern horizontale Linien, schwarze Zeichen, eine Welt voller Chiffren, eine Sprache, die man lernen muß. Was gibt es da nicht alles für Striche, Stränge, Peitschen, Kreuze und Doppelkreuze, in ganzen Kolonnen marschieren die Noten über das Papier.

Um die Töne zu ordnen, haben die Komponisten die Tonleiter erfunden, die diatonische, die pentatonische, die chromatische, die Ganztonleiter, wahrhaftig, wie auf einer Leiter steigen die Töne nach oben. Jede Note hat aber auch eine ganz bestimmte Lebensdauer. Zu einer Note mit einem leeren runden Kopf sagen die Musiker, das ist eine ganze – oder Vierviertelnote, setzt der Kompositeur einen kleinen senkrechten Strich an ihren Kopf, wird sie plötzlich zu einer Halben. Es gibt aber auch Noten, die haben ein schwarzes Fähnchen an ihrem Hals; man begnügt sich nicht nur mit einer Fahne, nein, zwei, drei können es sein. Eines Tages hat man die Fähnchen durch Balken ersetzt, nun hängen sie da wie die Fledermäuse an einem Dachbalken.

Beim Komponieren darf der Tonkünstler die Lautstärke nicht vergessen, sie ist wichtig für den einzelnen Ton. Ich denke an das Pianissimo, an die Stille in der Nacht, ein *pp* setzt der Herr Kompositeur unter eine solche Note. Soll der Ton den Lärm des Tages übertönen, schreibt er ein doppeltes *f*, fortissimo, manche Komponisten haben sogar das vierfache *f* in ihre Partitur eingesetzt. Das alles reicht aber lange noch nicht aus. Wo bleiben die klangvollen Namen, denen man immer wieder begegnet: marcato, legato, staccato. Da gibt es das Andante, dieses Gehen von Haus zu Haus, das Adagio, dieses Ausruhn zwischen zwei Sätzen, du kannst aber auch dem Prestissimo begegnen, den Gejagten unserer Zeit, und so geht es weiter von Zeile zu Zeile, von Blatt zu Blatt, und jede neue

Zeile fängt mit einem Violinschlüssel an oder einem Baßschlüssel ... mein Gott, so viele Schlüssel in der Welt und so wenig Türen.

Das Wunder der Musik kommt erst dann über uns, wenn ein Künstler die Noten spielt, es ist der Sprung vom Notenblatt ins Leben.

21. April

HEUTE nacht, als ich mich von einer Seite auf die andere warf und nicht einschlafen konnte, kam mir eine Erzählung wieder in den Sinn. Sie stand in unserem Lesebuch, zwölf Jahre muß ich alt gewesen sein, als ich sie zum erstenmal las. Die Fabel war kurz: Ein Mensch ist hinausgegangen in die Steppe, hat seine beiden Arme in den Himmel gehoben und so lange gewartet, bis sich die Vögel in seinen Händen ein Nest gebaut.

Die Erzählung war nicht länger als zwei oder drei Seiten, aber welche Kraft muß von diesen Zeilen ausgegangen sein, daß ich mich auch heute noch ihrer erinnere. Ein halbes Leben habe ich nach dieser Erzählung gesucht, in sämtlichen Anthologien habe ich nachgeschlagen, die mir als Bibliothekar in die Hände gefallen sind, nirgends bin ich ihr begegnet.

Was hat mich an dieser Fabel so beeindruckt, die Geduld eines Menschen, die Kraft der Verwandlung, den Vögeln ein Baum zu sein? Wer kann so etwas tun, gewiß nur ein Heiliger, ein Büßer, der hinaus in die Steppe geht, seine Arme in den Himmel hebt und wartet, immer nur wartet. Zwischen dem Warten und dem Nestbau, was muß sich in diesem Menschen nicht alles zusammengedrängt haben. Vielleicht wollte er nicht mehr sein als ein Baum, und erst dann kamen die Vögel und legten in seine Hände Halm neben Halm.

Ich habe als Knabe an die Geschichte geglaubt, sah mich selbst mit emporgehobenen Armen in der Landschaft stehn, in meinen Händen das Nest.

Ob die Mehrzahl der Menschen wirklich ein eigenes Leben lebt, ob es nicht austauschbar ist mit dem Dasein anderer?

Ich kenne Menschen, die die Oberfläche ihres Lebens mit einem unglaublich teuren Stoff überziehen, mit Seidenbrokat, mit Plüsch, andere wieder merken nicht, daß man für sie bereits in der Kindheit alles zurechtgeschneidert hat: bedien dich nur, hier ist die Hose, das Jackett, das Hemd, gewiß, da und dort gibt es kleine Unterschiede in der Größe, im Zuschnitt, in der Qualität des Stoffes, denn nicht jedem steht ein Anzug aus englischem Kammgarn zu, knitterfrei. Ich habe aber auch Menschen kennengelernt, die waren ganz einfach froh, daß man ihnen die Arbeit für ein eigenes Leben abgenommen hat; was sie erwarten, ist ein fertiges Leben, das man nur noch anzuziehen braucht ...

Lektüre: »Unterzeichneter bittet untertänigst, ihm die erledigte Musikdirektorenstelle in Laibach in Gnaden zu verleihen ...

Franz Schubert,
derzeit Schulgehilfe der Schule seines Vaters
zu Wien, am Himmelpfortgrund Nr. 10«

24. April

IN den letzten beiden Tagen ist kaum etwas geschehen, keine Lektüre, keine Aufzeichnungen, auch für die Musik waren meine Ohren taub.

26. April

IM Garten ist immer noch die erdige Farbe des Altjahrgrases, aber da und dort breitet sich ein zaghaftes Grün aus, den ersten Sträuchern wächst der Mut, der Seidelbast blüht, der Duft ist süß und schwer, ein Wunder, das den Rosen vorausgeht.

Ich sitze in Roberts Werkstatt und sehe zu, wie ein Mensch arbeitet.

Ich begreife den Menschen neu, wenn ich ihm bei seiner Arbeit zusehe. Ich beobachte die Hände, diese ungeduldigen Hände, die immer etwas tun müssen, einmal da, einmal dort, die immer in Bewegung sind, auf der Suche nach einem Stück Holz, nach dem Schnitzmesser, dem Pinsel, beobachte das Zuschneiden der Furniere, das Laubsägen, das Zusammensetzen der gesägten Teile, das Verleimen. Ich weiß, wie die Intarsia gesäubert und gekittet wird, kenne die Werkzeuge beim

Namen: Furniersäge, Intarsienmesser, Zahnhobel, Putzhobel, Adernkrätzer. Ich sehe, wie Robert den strukturellen Feinheiten der Hölzer nachgeht, wie er immer wieder auf der Suche ist nach der vollendeten Zuordnung. Es ist das natürliche Wuchsbild, das er liebt.

Was für ein glücklicher Arbeiter, sage ich mir, Tag für Tag kann er in der Werkstatt sitzen, arbeiten, an der Seite einen Engel, auch wenn er aus Holz ist, und überall, wohin man blickt, diese alten seßhaften Dinge, ein Bauerntisch, ein paar Stühle, derb, wuchtig, eine bauchige Truhe, auf dem Fußboden immer ein Streifen Sonne, der Schatten vom Fensterkreuz wie eine Sonnenuhr, man sieht, wie die Stunden kommen und gehen.

Johannes, ich habe ein Leben lang versucht, herauszubekommen, was Holz eigentlich ist, sagt Robert zu mir, ich weiß es immer noch nicht. Sieh dir das einmal an, diese Jahresringe, einer schöner angesetzt als der andere, diese Stetigkeit des Wachsens, dieser Gleichmut. Es gibt Hölzer, die dem Menschen im wahrsten Sinne des Wortes dienen, sie sind weich, elastisch, splittern auch nicht ab, ihre Bretter sind ohne Knorren.

Robert kann stundenlang von der Schlichtheit der einheimischen Hölzer erzählen, er lobt die Porigkeit der Eiche, liebt das Birnbaumholz mit seinem stumpfen Glanz, freut sich an dem seidigen Schimmer der Birken. Er ist immer auf der Suche nach einer ausgefallenen Holzstruktur, nach einem Furnierbild, das ihm das Wachstum des Holzes selbst in die Hand spielt. Ein Nußbaumbrett mit einer flammenden Fladerung hängt neben seinem Arbeitstisch an der Wand.

Ich gehe in der Werkstatt auf und ab. In den Nebenräumen, was steht da nicht alles herum: ein altes Chorpult aus einem Kloster im Eichsfeld, ein Tisch mit einem eingelegten Schachbrett, es gibt Kästen und Truhen aus der Zeit des Barocks, alles Restaurierungsarbeiten, Einlegearbeiten.

Robert legt das Werkzeug aus der Hand und geht hinunter in den Keller, er kommt mit einem Kasten Bier zurück. Johannes, sagt er, es ist das Holz, nichts anderes als das Holz, es ist immer so trocken, und dann das Holzmehl, ich muß den Staub hinunterspülen, er verklebt mir sonst die Kehle.

Mein Freund raucht Pfeife, keine Zigaretten, vor Jahren hat er noch gepriemt, ein gutes Stück Holz und ein guter Priem gehören zusammen, hat er immer gesagt. Heute trinkt er um sieben Uhr früh sein erstes Pils. So eine Flasche hält nicht lange vor, gleich ist die zweite da und dann die dritte. Wenn er gegen Abend seine Werkstatt abschließt, stehen zwölf bis fünfzehn leere Flaschen unterm Tisch. Er weiß, daß er zu den stillen Trinkern in unserem Land gehört, zu jener Dunkelziffer, über die man nicht gerne spricht. Nein, betrunken habe ich ihn noch nicht gesehen, er sagt aber selbst: Johannes, ich kann nicht mehr zurück. Ehe er seine Werkstatt verläßt, trinkt er noch einmal seinem holzgeschnitzten Engel zu, der seit Jahren in der Ecke steht und auf die Restaurierung wartet, ein Engel mit Brandflecken. Wenn schon am Abend kein Engel mehr in meine Werkstatt tritt, dann soll zumindest ein Holzengel am Fenster stehen und warten.

2. Mai

SEIT Tagen liegt der Frühling in der Luft. Die Birken haben sich einen grünen durchsichtigen Schleier übergeworfen, ein Zaubergewebe, an den Buchen die ersten braungoldenen Knospen. Die Höhenwege sind weich, die letzten dünnen Eisschichten von den Holzfuhrwerken aufgebrochen, am Abend kann man vom Hochsitz aus die ersten äsenden Rehe sehen.

Um diese Jahreszeit läßt sich alles schon etwas freundlicher an, der Vogelsang wird reicher, der Balzflug wilder. Manche Vögel sind an diesen Tagen so blind, daß meine Katze, die vor dem Haus in der Sonne liegt, nur noch mit der Tatze zuzuschlagen braucht. Eine brunstblinde Bachstelze wäre ihr gestern beinahe ins Maul gehüpft.

In der Mittagsstunde fahre ich mit dem Rad zum Falkenstein. Die Fahrt geht durch den Dietharzer Grund. Langgezogene Hügelketten, mächtige Waldrücken, Gebirgsschluchten, aber auch abgeholzte Hänge, Täler und Schneisen. Im Süden der Große Buchenberg, der Donnershauk, der Greifenberg mit seinen neunhundert Metern, der Ziegelberg im Osten.

Am Charakter einer Landschaft ist nicht nur das

Auge beteiligt, jede Landschaft hat auch ihre eigenen Geräusche, ihr eigenes Klima, gibt uns ein anderes Hautgefühl. Ein fester, unsichtbarer Bestandteil der Tambacher Gegend ist das Rauschen der Wälder, man kann es nicht sehen, auf keiner Karte ist es eingezeichnet, und doch ist es da, wir haben verlernt, darüber nachzudenken. Jede Gegend hat aber auch ihren ganz bestimmten Geruch, die Bergwiese duftet anders als das Kornfeld, der Lehmboden riecht erdiger als der Sandboden. Wo aber bleiben die Stimmen der Vögel, das Röhren der Hirsche, gehören nicht auch sie zum Charakter einer Landschaft, zu ihrem sprechenden Mund?

Auf der Fahrt durch das Holz bleibe ich vor einer Gruppe alter Eichen stehen. Wenn ich das knorrige Wachstum dieser Bäume sehe, habe ich immer das Gefühl, als wollten sich die Eichen gegen einen unsichtbaren Feind zur Wehr setzen. Im Gegensatz die Tanne: sie erwächst sich den Raum, stößt hinauf in den Himmel, als gäbe es für sie nicht den geringsten Widerstand.

Nach einer Stunde Fahrt stehe ich vor dem Falkenstein. Der Fels, ein mächtiger Porphyrkoloß, unzugänglich, hundert Meter hoch. Der Block ist ganz auf sich gestellt, steigt jäh aus der Niederung empor, stürzt steinig nach allen Himmelsrichtungen ab. Wohin das Auge auch blickt, Felswände, rotbraun, grau, violett, nur selten ein grüner Streifen, die Dinge scheinen weggerückt. In der Wand ein paar verkrüppelte Kiefern, kleine Birken stoßen aus dem Fels hervor, aber auch die Eberesche hat sich eingefunden, sie wächst waagrecht aus dem Stein, als würde sie frei zwischen Erde und Himmel schweben.

Einen Steinwurf weit von der Felswand entfernt liegt ein kleiner Waldsee. Das Wasser gleicht einem glattgespannten Tuch, kein Wellenschlag. Wenn die Dämmerung kommt, wenn die Fledermäuse fliegen und das Käuzchen schreit, wird es unheimlich zwischen den Felsen, dann wird das Wasser schwarz, und wenn du hinabschaust in den See, blicken dich von unten her dunkel unsere Wälder an.

Man sagt, der Falkenstein hätte vor vielen hundert Jahren eine Ritterburg getragen, das »castrum Valckensteyn«. Eines aber scheint gewiß: Auf der Burg Waldenfels, eine halbe Stunde vom Falkenstein entfernt, im Schmalwassergrund, hat der Vater von Meister Eckhart als Vogt amtiert.

7. Mai

ICH entsinne mich: in der Nacht kam vom Süden her eine Wetterfront auf Tambach zu. Ich hörte im Halbschlaf, wie der Sturmwind den Regen prasselnd an die Fensterscheiben warf. Als ich am frühen Morgen das Fenster öffne, ziehen Regenwolken über das Land, die Luft ist kalt, ein trüber, unfreundlicher Tag steht vor der Tür.

Die Vormittage gehen schnell vorbei, aber die Nachmittage nehmen oft kein Ende, es ist, als würde der Zeiger auf fünfzehn Uhr stehenbleiben, es hört einfach nicht auf, Nachmittag zu sein.

Was soll ich tun, zurückblättern? Man muß vorsichtig mit den Erinnerungen umgehen, wie leicht fallen sie zu Boden, ja selbst in der Hand können sie zerbrechen, wenn man etwas kräftiger zupackt. Es gibt aber auch Erinnerungen, die lagen viel zu lange im Keller, ohne Sonne, und wenn man sie eines Tages ans Licht holt, ist man bestürzt, wie bleich sie geworden sind …

Sechs Jahre muß ich alt gewesen sein, als mir mein Vater den ersten Violinunterricht gab. In meiner Erinnerung ist alles noch da, der schwarze Geigenkasten, die kleine Geige, der Notenständer, das klebrige Kolophonium, ich erinnere mich an die ersten Übungen auf den leeren Saiten, an die ersten Griffe.

Ich sehe Vater noch heute an meiner Seite stehen: er stand so, daß er jederzeit meinen Bogenstrich, den Fingersatz korrigieren konnte. Manchmal nahm er die eigene Geige aus dem Schrank und spielte mir die eine oder andere Stelle vor. Es war ein gutes Instrument, eine echte Steiner, er hatte sie als junger Mann in Innsbruck in einem Trödlerladen für einen Pappenstiel erworben; der Hals war abgebrochen.

In den ersten Jahren meiner Kindheit war das Musizieren ein unterhaltsames Spiel, von einer selbstgefälligen Heiterkeit, aber später, als ich aus dem kindlichen Alter hinüberwechselte ins Knabenalter, jede Woche eine neue Etüde von Kreutzer üben mußte, da waren die goldenen Jahre schnell vorbei, die Zeit der ernsten Arbeit hatte begonnen, neben der Mittelschule besuchte ich in Troppau die Musikschule Trawnitschek.

Gewiß, man kann die Töne durch das Wort nicht wieder hörbar machen, doch für mich sind die verschiedenen Stricharten immer noch da, die Dreiklänge, die gebrochenen Akkorde, das Flageolett, die Arpeggien, die einzelnen Tonleitern durch alle zwölf Lagen hinauf und wieder zurück, die Doppelgriffe, die Terzen und Oktaven. Eines Tages war es dann soweit, ich spielte in einem öffentlichen Konzert der Musikschule »La Folia« von Corelli, die »Faust-Fantasie« von Sarasate, ein Jahr später das Violinkonzert von Dvořák.

Alle vierzehn Tage trafen sich die Freunde meines Vaters, der Spinnmeister mit seiner Bratsche, ein pensionierter Major mit seinem Cello, zum Musizieren in unserem Haus, man spielte Dittersdorf, Haydn, Mozart, Schubert. Beim »Kaiserquartett« legte ich meinem Vater stets die erste Violinstimme aufs Pult, ich wußte, wie gern er das Quartett spielt, besonders den zweiten Satz »Gott erhalte Franz den Kaiser ...«

Würde ich heute eine Geige in die Hand nehmen, mein Gott, ich könnte nicht einmal die ersten Takte von »La Folia« einwandfrei spielen.

Das Erschrecken über das eigene Leben nimmt zu.

WARUM schlage ich deine Bücher erst heute auf, seit 1950 stehen sie in meinem Bücherschrank, eine zweibändige Ausgabe aus dem Jahr 1912. Jahr für Jahr habe ich sie hin und her gerückt, aus der ersten Reihe zurückgestellt in die zweite, fünfunddreißig Jahre lang standen sie da, und keiner hat nach ihnen gefragt. Vielleicht haben sie gewußt, daß ihre Stunde noch nicht gekommen ist, daß ich eines Tages auch ihre Seiten noch aufschlagen werde.

Ich weiß, ich bin dir in den letzten Jahren wiederholt begegnet, vor der Predigerkirche in Erfurt sah ich dich stehen, auf der Krämerbrücke kamst du mir entgegen, eines Abends, als ich mit Freunden aus der »Hohen Lilie« kam, sah ich dich in deiner schwarzen Kutte über den Domplatz gehen.

Bruder Eckhart, Vikar von Thüringen und Prior von Erfurt, 1260 wurdest du in der Nähe von Gotha geboren, in Hochheim. Man sagt, du hättest deine Kindheit in der Nähe von Tambach verlebt, dein Vater, ein Eckhart von Hochheim, hätte auf der Burg Waldenfels amtiert, aber niemand weiß es genau.

Ich habe mich erkundigt, ich habe nachgeschlagen: 1302 hast du in Paris den Grad des Magisters erworben, 1304 wurdest du zum Provinzial der »sächsischen Provinz« gewählt, 51 Männerklöster und 9 Frauenklöster hattest du zu verwalten. Die »sächsische Provinz« des Dominikanerordens erstreckte sich damals von Thüringen bis an die

Nord- und Ostsee, von Utrecht bis nach Livland, aber auch das Generalvikariat in Böhmen wurde dir zeitweise übertragen.

Deine Arbeit war ganz auf den Menschen ausgerichtet, auf das Lebendige. 1311 erfolgte deine Berufung nach Paris, um als Magister zu lehren, 1314 finden wir dich als »professor sacrae theologiae«, 1326 als Professor in Köln. Keine Abkehr vom Menschen, keine Weltflucht, das Lebendigkeitsmotiv stand immer im Einklang mit dem Tätigsein.

Was hast du in deinem Leben nicht alles erlebt: die Richtplätze des Mittelalters, die Folterkammern, die Armenstuben, die Bet- und Tollhäuser, die Scheiterhaufen der Inquisition. In den Klöstern warst du zu Haus, anerkannt, aber nie ganz verstanden. Immer wieder hat dich die Liebe zum Menschen auf die Kanzel getrieben, in dir war ein anderer Raum, ein anderes Denken, ein Glaube, der hart an der Zeitmauer entlangging. In offener Feindschaft ist dir die Weltgeistlichkeit entgegengetreten, man hätte dich am liebsten aus dem Land verbannt, deine Schriften ins Feuer geworfen. Was ist das nur für ein Wesenszug im Menschen, daß er alles, was seinen eigenen Denkvorstellungen nicht entspricht, bis aufs Messer bekämpft?

Da sitze ich nun über deinen Schriften, du eigensinniger Mönch, und versuche dich zu verstehen, aus deinen Predigten den Anteil zu nehmen, der mir zukommt. Vor mehr als sechshundert Jahren hast du einmal geschrieben: »Ich ziehe die Hölle mit Jesus dem Himmel ohne ihn vor«, ein abgründiger Gedanke, wie ihn nur das Mittelalter hat denken können oder – eine vorweggenommene Antwort an den »Großinquisitor«?

Es gibt nur wenige Bücher, die mir in meinem Leben zum innersten Besitz geworden sind, die Mehrzahl der Bände wurde aus anderen Gründen erworben: da ist die Lust am Lesen, die Freude am Besitz, der wache Sinn für das geschriebene Wort, für die Fabel, da ist aber auch die gemeinsame Humanität, die ein Buch mit dem anderen verbindet, die gemeinsame Welt, in der wir alle leben.

Die wertvollsten Bücher für mich: die den Menschen auf sich selbst zurückwerfen, die ihn zwingen, sich selbst neu zu entdecken.

19. Mai

EIN Dämon muß mich gepackt haben, den ganzen Winter über hatte ich mich der »Winterreise« voller Unvernunft hingegeben, es war wie ein rasender Zug, der immer schneller wurde, vielleicht hätte ich rechtzeitig abspringen müssen.

Der Text der Lieder bleibt eindimensional, es ist die Musik, die diese Gedichte zur »Winterreise« macht, Schubert schreibt sie auf seine Art neu, der Wortlaut ist ihm lediglich Information, er untermalt nicht, er gebietet. Die Dimension des Textes wird überschritten, ein außertextliches Denken und Fühlen ergreift von der Vorlage Besitz. Das Drama findet ganz woanders statt, im Innenraum des Menschen.

Das Symbol des Wanderns scheint für Schubert auch in der »Winterreise« unverzichtbar. Dieser Wanderer ist aber nicht mehr der wandernde Geselle von einst; in den »Müllerliedern« ist alles noch offen, da ist Zukunft, Erwartung, der Wanderer in der »Winterreise« ist ein Einzelgänger, er geht keine menschlichen Verbindungen mehr ein. Er kommt aus dem Sommer, geht tiefer hinein in den Herbst, schon sitzen die ersten Krähen im nackten Geäst, die Kälte nimmt zu, der Wind kommt nicht mehr aus dem Land der Hesperiden, die Töne der Äolsharfe sind ihm fremd, er hat alles Spielerische abgelegt.

Vierundzwanzig Lieder, vierundzwanzig Türen, doch nicht zu jeder Tür besitzen wir einen Schlüssel. Gewiß, man kann das Notenbild analysieren, aber die Antwort liegt nicht allein im Notenbild, da ist immer noch etwas anderes, das sich jeder wissenschaftlichen Definition entzieht. Wie oft führt uns das Unerklärliche auf jene Seite des Lebens, wo es keine Schriftzüge mehr gibt.

24. Mai

VOR der Hütte hält ein Motorrad, ich stehe auf und gehe hinaus in den Garten. Es ist der Sohn. Er hat heute vormittag frei und wollte einmal sehen, wie es dem Vater als Rentner so geht, gegen dreizehn Uhr muß er wieder zurück nach Suhl.

Wir sitzen auf der Terrasse bei einem Kännchen schwarzem Tee. Ich frage nach seiner Familie, der

Schwiegertochter, dem Enkelkind. Ich höre, es geht ihnen gut, die Enkelin redet schon, auch hätte man in der vergangenen Woche die Neubauwohnung gegen eine Altbauwohnung eingetauscht. Sie haben sich vor vielen Jahren in Jena kennengelernt, während des Studiums in Dornburg geheiratet, ganz für sich allein, ohne Eltern, ohne Freunde, haben sich auch kirchlich trauen lassen, aus reiner Opposition, wie sie mir später einmal erzählten.

Die Rede kommt auf seine Mutter. Er möchte sie nach fünfundzwanzig Jahren endlich einmal wiedersehen, für ein paar Tage nach Suhl einladen. Als er sechs Jahre alt war, hatte sie mit ihrem Freund die Republik verlassen und war nach Köln gegangen. Ich kann seinen Wunsch verstehen, vielleicht erinnert er sich an die Kindheit, wie oft hat sie ihm vor dem Schlafengehen ein paar Stücke aus den »Kinderszenen« von Schumann vorgespielt.

Ich erkundige mich nach seiner Arbeit. Er ist zufrieden, soweit man mit einer Arbeit zufrieden sein kann, die sich täglich wiederholt. Die gesellschaftlichen und ökonomischen Forderungen sind auch seiner Generation nicht unbekannt. Er spricht von einer Wertverschiebung bei der Suche nach dem Sinn des Lebens. Die Menschen rücken mehr und mehr von dem ab, was sie schmerzt, sie möchten in einer Welt leben, in der man sich nur noch optimistisch artikuliert. Sollte das menschliche Sein nur noch in der Befriedigung biologischer und sozialer Bedürfnisse liegen?

Ich stehe auf, gehe in die Küche und schneide

meinem Sohn noch einmal ein Stück Kuchen ab, als ich zurückkomme, wechseln wir das Thema. Er erzählt von einer Diskussion im Institut. Jeder zehnte Mann in den Vereinigten Staaten sei heute unfruchtbar, wenn die Umweltbelastung weiter zunimmt, werden es um das Jahr Zweitausend mehr als die Hälfte aller Männer sein. Auch hätte man in den letzten Jahren eine bedenkliche Abnahme der Samenzellen festgestellt. Ich frage nach den Ursachen. Es ist die Ansammlung von Schadstoffen im biologischen Gewebe: chlorierter Wasserstoff, Blei, Unkraut- und Insektenbekämpfungsmittel.

Mein Sohn sieht auf die Uhr. Zum Abschied die üblichen Ratschläge eines Vaters: Fahr nicht so schnell, Tempo achtzig, gib acht beim Überholen. Zehn Minuten später, als ich allein auf der Terrasse sitze, geht mir so manches durch den Kopf.

Ich erinnere mich an seine Schulzeit in Gotha, an die Facharbeiterausbildung mit Abitur in Sundhausen, an die Studentenzeit in Jena. Vom Wissen her wurde seine Generation in vorbildlicher Weise auf die künftige Arbeit vorbereitet, doch auf der anderen Seite ihres Lebens gibt es viele weiße Flecken, da geht ein Suchen durch diese jungen Menschen, sie ahnen, daß es Dinge gibt, an denen sie bisher vorbeigegangen sind. Man hat sie während des Studiums auf eine Funktion vorbereitet, im Vordergrund stand die partikuläre Aneignung durch den Verstand, alles wurde dem Zweckdenken untergeordnet, Bildung haben sie in diesen Jahren kaum erworben, sie übten sich in Fertigkeiten, die kreative Denkungsart blieb ihnen fremd.

Vor längerer Zeit hat mir der Freund meines Sohnes einmal gesagt: Was nützt mir das Wissen über die Stadien der Embryonalentwicklung einer Wasserjungfrau, das Wissen über die Struktur des Enzyms Phosphoglyceratkinase, wenn mir zu meinem eigenen Leben nichts mehr einfällt. Wie oft sitze ich am Abend mit einer inneren Leere vor dem Fernsehapparat, vor diesem stumpfsinnigen animalischen Vergnügen, trotzdem gebe ich die Hoffnung nicht auf, daß eines Tages auch mir ein inneres Licht über den Sinn des Lebens aufgehen wird.

Ich weiß durch meinen Sohn, wie offen und ehrlich die jungen Menschen sind. Sie möchten in ihrem Leben zu einem eigenen Ergebnis kommen, Dinge denken, die sie anrühren, bewegen. Sie haben kein Verlangen, vor den großen Männern dieser Welt zu erscheinen, sie drängen sich auch nicht in ihr Blickfeld, das alles überlassen sie mit spöttischer Miene ihren Vätern. Sie haben längst erkannt, daß auch in ihrem Leben vieles vorprogrammiert ist, eingerastet, trotzdem möchten sie auf die schöpferische Unruhe nicht verzichten. Sie träumen auch heute noch von einer sozialistischen Menschenheimat, sind allergisch gegen alles, was mit Lüge und Manipulation zu tun hat, nur kein Doppelleben, hat mein Sohn zu mir einmal gesagt. Für sie geht das revolutionäre Bewußtsein weit über die politische und soziale Fragestellung des Tages hinaus, heißt immer noch: Veränderung des ganzen Menschen.

Ich kenne aber auch Jugendliche, die machen

um ihre Jugend so viel Lärm, daß sie sich selber kaum noch hören. Sie legen eine Arroganz an den Tag, einen vordergründigen Hochmut, der mich erschreckt, sie fragen nicht, woher der Wohlstand kommt, sie trinken in vollen Zügen den Wein, obwohl sie in ihrem Leben noch keine einzige Traube geerntet haben. Wie oft habe ich als Leiter der Heinrich-Heine-Bibliothek erlebt, daß im Berufsleben das Gefühl bei vielen jungen Menschen kaum noch eine Rolle spielt, man hat es abgeschrieben, es führt zu nichts, hat man zu mir einmal gesagt, man redete ganz offen von der Verabschiedung der Gefühle; ich habe aber auch gesehen, wie die Gefühlskälte junger Mitarbeiter plötzlich umschlug in den verdeckten Haß gegen die ältere Generation.

Was mich wundert, daß die Welt, in der die Generation meines Sohnes aufgewachsen ist, eine Welt voller militärischer und ökologischer Bedrohungen, voller Gifte, Hungersnöte und Katastrophen, nicht mehr in diesen jungen Menschen zerstört hat.

30. Mai

HINTER der Hütte liegt ein Stein, er muß vor meiner Zeit schon hier gelegen haben.

Ich sitze gern auf diesem Stein, besonders am Abend, wenn ihn die Sonne tagsüber aufgeheizt hat. Man sieht weit hinaus auf eine ferne blaue Hügelkette, die seit Jahrtausenden am Horizont dahingeht, in einer Ruhe und Ausgeglichenheit, als hätte es nie etwas anderes in dieser Landschaft gegeben.

Gedanken über das Wesen unserer Freundschaft. Vielleicht hängt es damit zusammen, daß Robert und ich über bestimmte Dinge des Lebens nicht hinweggekommen sind, über den Krieg, über Menschen, die alles tun, um sich selbst zu vernichten.

Vielleicht ist es auch dies: er raucht seine Pfeife, hat die Ellbogen auf den Tisch gestützt und beginnt zu erzählen. Manchmal fährt er mit seinem Ärmel über die Tischplatte, als wollte er ein paar Brotkrümel wegwischen. Er weiß, daß es nicht mehr viel zu erzählen gibt, man verständigt sich durch einen Blick, durch eine Redewendung, manchmal auch nur durch ein einziges Wort, es genügt, wenn man es im richtigen Moment ausspricht.

In seinen Worten ist viel Vergangenes, aber auch Künftiges, der Augenblick selbst spielt für ihn eine untergeordnete Rolle. Seine Redewendung: Die Uhren, die wir gestern noch gestellt haben, stimmen heute nicht mehr überein. In seinem Wesen steckt aber auch viel Unrast. Es kann vorkommen, daß er seine Werkstatt von heute auf morgen abschließt, ein Schloß vor die Tür hängt, fortgeht und erst nach einer Woche wieder auftaucht, sich hinsetzt und weiterarbeitet, als wäre nicht das geringste geschehen.

Robert besitzt ein Wissen, das ihm aus der Erfahrung zugewachsen ist. Wenn er bestimmte Ansichten äußert, sind es seine Ansichten, keine angelesenen. Doch in seinem Wesen ist noch etwas anderes: er hat sich stets dagegen verwahrt, seine Arbeit von wertblinden kommerziellen Erwägungen bestimmen zu lassen. Man muß sich selbst vergessen können, hat er zu mir einmal gesagt, erst dann fängt man an, aus innerer Kraft heraus zu arbeiten, einer Kraft, die stärker ist als jeder materielle Anreiz.

Robert sieht sich seine Käufer sehr genau an, er blickt den Kunden ins Gesicht, er weiß, was er von ihnen zu halten hat. So mancher Neureiche mußte mit einem leeren Citroën wieder abfahren. Wer sich einen alten Bauerntisch oder eine Intarsienarbeit nur als Kapitalanlage kaufen will, den läßt er rücksichtslos stehen und geht zurück an seine Arbeit.

Er sagt: Auch in unserem Land werden die Snobs von Jahr zu Jahr mehr, und da sie nicht in der Lage sind, ihre Wohnung mit ihrer eigenen Persönlichkeit auszufüllen, greifen sie zu Antiquitäten.

Juninacht. Der Himmel ist immer noch hell, die Landschaft sichtbar angedeutet, nichts ist weggenommen, alles ist noch da, die Bäume, die Sträucher, das Dach, nur die Beziehungen zwischen den einzelnen Dingen sind nicht mehr so eindeutig wie am Tag, die Nacht hat sie verhaltener gemacht.

4. Juni

SEIT Tagen höre ich vom Wald her das Kreischen der Motorsägen. Beim Broteinkauf frage ich die Bäckerin, sie sieht mich an, nach einer Weile, als die Backstube leer ist, sagt sie: Ein Großhändler aus Wien hat sich über tausend Stämme ausgesucht.

Nach dem Frühstück gehe ich in Richtung »Rosengarten«, eine Viertelstunde später stehe ich vor einem Holzeinschlag.

Die Bäume werden mit der Motorsäge gefällt. Ich sehe, wie sich die Riesen langsam neigen, krachend niederstürzen, anderes Gehölz mit sich reißen, sehe die Auspuffgase, diese blauen giftigen Schwaden, die auf dem Waldboden liegenbleiben und von den Holzfällern, die immer nur kniend arbeiten, Stunde um Stunde eingeatmet werden.

Wie riesige Halme liegen die gefällten Bäume am Hang. Die abgeschlagenen Äste werden nicht mehr auf einen Haufen geworfen, man läßt sie liegen, wo die Axt sie geschlagen hat. Nach ein paar Tagen haben die Zweige ihre immergrünen Nadeln eingebüßt, die Farbe des Fuchsfells angenommen.

Zwei Jahre später, und der Kahlschlag ist kaum noch zu erkennen. Die Himbeere hat sich ausgebreitet, der Fingerhut Fuß gefaßt, großblättrige Pflanzen wuchern in die Höhe, da und dort schießen Ruten empor, ein erster Anflug von Sträuchern, das Waldgras wächst in die Höhe, die Rinde an den Wurzelstöcken hebt sich ab, aus dem Hang, wo vor Jahren noch der Hochwald stand, ist eine wuchernde Wildnis geworden.

Nicht nur in den Wäldern, auch im Leben des Menschen gibt es Kahlschlag, Auslichtungen, der Blick geht dann zwischen den Jahren hindurch.

6. Juni

MORGENSPAZIERGANG zum Lutherbrunnen. Die Tambacher sagen, er hätte das beste Wasser in der ganzen Gegend. Als Luther seine Reise nach Gotha in Tambach-Dietharz unterbrach, hat ihn das Wasser von seinem Steinleiden befreit.

In der vergangenen Woche ist ein vierzigjähriger Mann in den Forst gegangen, auf eine Fichte gestiegen und hat sich an seinen Hosenträgern erhängt. Drei Tage lang wurde er gesucht, am vierten Tag hat ein Krähenschwarm dem Suchkommando den Weg gewiesen. Sein Gesicht war unkenntlich, die schwarzen Vögel hatten es zerhackt.

8. Juni

IN den letzten Tagen hat die Sonne das Wachstum vorangetrieben, das Korn auf den Feldern steht gut, die Waldwiesen sind tiefgrün, saftig, in den Mittagsstunden legt sich der harzige Geruch der Fichten über das Land.

Die »Winterreise« beginnt ihr Eigenleben in mir zu führen:

> Fremd bin ich eingezogen,
> fremd zieh ich wieder aus ...

Das Lied ist klar, durchsichtig, keine verschwommenen Umrisse, kein Stimmungszauber, und doch liegt etwas Düsteres, Stagnierendes in der ganzen Melodie.

Singstimme und Begleitung basieren auf dem Grundton D. Nur für eine kurze Periode erhellt das C-Dur das beängstigende d-Moll, ein Sonnenfleck in einer mit Wolken verhangenen Landschaft. Die Harmonik verharrt in einer bedrückenden Unbeweglichkeit, erst in der letzten Strophe bricht die Sonne durch die Wolkendecke hindurch, ein verhaltenes D-Dur.

Dieses Lied ist für mich wie ein Hammerschlag an den Glockenrand der Jahre, noch schwingt die Glocke mit, doch ihr Metall zeigt bereits die ersten Risse.

Töne sind lebendige Wesen, die miteinander sprechen, miteinander umgehen, sich verständigen, die miteinander leben.

Ich höre es gern, wenn der Wind, nachts, stoßweise durch die Baumkronen geht, dieses Aufrauschen und wieder Verebben. Wie unterschiedlich das Rauschen doch sein kann: in den Nadelbäumen, den Laubbäumen, den Pappeln.

WAS war das nur für ein Frommsein, wie nahe muß Gott den Menschen damals gewesen sein, wie wird das Mittelalter plötzlich wieder groß, wenn man diese Predigten liest. Dieser Gott hat noch nichts von den Erschütterungen gewußt, die sechshundert Jahre später über ihn hereingebrochen sind.

»Gott ist ein Gott der Gegenwart, wie er dich findet, so nimmt er dich und läßt dich zu. Er fragt nicht, was du gewesen, sondern was du jetzo bist.«

»Mit dem inneren Menschen sucht man Gott mit einem schauenden Leben, mit dem äußeren Menschen sucht man ihn im tätigen Leben.«

»Alles Kornes innerste Natur meinet Weizen und alles Metall Gold, und alle Geburt den Menschen.«

Eckhart spricht nicht von dem verlorenen Paradies, er blickt auch nicht verstohlen über die Mauer, er ist dem Leben gegenüber voller Zuversicht, lebt in einer Welt, in der der Himmel noch keine »schwarzen Löcher« hat. Er wußte, wieviel Dumpfheit im Menschen noch lebt und daß es an der Zeit ist, sich Rechenschaft abzulegen über das eigene Leben, damit alles im Licht des hellsten Verstandes geschieht, im Licht der Vernunft.

In seinen Schriften begegnet man immer wieder der Bejahung gegenüber allem, was lebt, da ist ein Tätigsein, ein Wirken, nicht Maria wird gepriesen, sondern Martha, die Tätige. Und war es nicht Martha, die mit dem Blick auf Maria gesagt hat:

»Herr, heiß sie aufstehn – ich wollte sie lieber nicht so in Verzückung sitzen sehen; ich wollte, sie lernte leben, daß sie es wesentlich besäße. Heiß sie aufstehn, damit sie vollkommen werde.«

Eckhart hat für den Menschen seiner Zeit nicht nur die Grenzen des Lebens durchsichtig gemacht, er hat sie auch weiter hinausgerückt. Gott und Mensch wurden nicht mehr einander gegenübergestellt, er hat sie als Einheit gedacht. Er spricht von dem Eins-Sein, das sich zur Vielheit gestaltet, und wie sich die Vielfalt wieder zurücknimmt zur Einheit. Die stärkste Kraft des Menschen liegt im Denken, »der Himmel ist in uns«. Das Leben ist für ihn kein Zurück in den Schoß Gottes, es ist ein stetes Denken, Wirken und Handeln, um eine neue und höhere Stufe des Daseins zu erreichen.

17. Juni

HEUTE nacht hörte ich es in der Dachrinne klopfen, als ich am frühen Morgen den Vorhang zurückziehe, liegt die Landschaft unter einer grauen geschlossenen Wolkendecke. Das Licht ist matt, eine kalte feuchte Luft dringt durch das offene Fenster, der Tag wird vom Regen weggespült hinunter ins Tal.

Die »Winterreise« hat in mir etwas aufgebrochen, in Bewegung gesetzt, ich höre tiefer denn je in die Musik hinein, mit einem Wort: ich lerne hören.

Schuberts »Lindenbaum« steht nicht als verträumte Linde auf einem alten Dorfplatz, das sogenannte »Volkslied«, das man die Schüler auch heute noch im Musikunterricht lehrt, dieser Männerchor-Lindenbaum ist eine Verstümmelung des Originals, eine Fälschung, eine Zurücknahme der Wahrheit.

Welch eine Unrast geht durch dieses Lied: da ist in der Singstimme der ständig sich wiederholende Rhythmus aus Achteltriolen und zwei Vierteln, da sind die Sechzehntelnoten in der Klavierbegleitung, in jeder Strophe dieser unruhig huschende Gestus. Ich höre im Klavierpart das dunkle Rauschen der Bäume, das E-Dur wird gedämpft, nichts Spielerisches hat mehr der Wind, ein fahles Licht liegt über der Landschaft, und als der Wanderer mitten in der Nacht seine Reise antritt, geistern am Horizont bereits die Schatten. Wer weiß, vielleicht kommt er von der schönen Müllerin und geht hinüber in den Winter, er wandert und wandert.

Ich denke an das Altvatergebirge, an die Tage des Sommers, meine Gedanken wandern tiefer in die Landschaft hinein, ich gehe die halb schon vergessenen Wege, biege ab in die Felder, weiß Gott, wo dieser Lindenbaum steht, in Marienfeld, unweit meiner Vaterstadt, in Nußdorf bei Wien, oder ist er bereits gefällt, und sein Stamm liegt unter der Schneedecke in Wolhynien? Neunzehn Jahre war ich alt, als ich in einer kalten Novembernacht mein Elternhaus verließ, den Gestellungsbefehl in der Tasche. Als ich mit meiner Mutter noch einmal durch den Garten ging, rauschten die Zweige der Bäume in e-Moll, zehn Jahre später, als ich meine

Vaterstadt wiedersah, rauschte der Weichselbaum vor meinem Elternhaus in E-Dur.

»Das Hören bringt mehr ein, das Sehen weist mehr hinaus.«

Meister Eckhart

20. Juni

ICH hatte in dieser Nacht einen eigenartigen Traum: Die Finnhütte schwebte in der Luft, das Dach wurde vom Wind getragen …

Das stumme Schütten aus den Wolken dauert an.

24. Juni

LEKTÜRE: »Der Großinquisitor«. Es ist bestürzend, mit welcher Intensität Dostojewski die Welt seiner Menschen beschreibt, mit seinem ganzen Ich tritt er in das Universum des anderen ein.

Der Kardinal ist weit entfernt von einem Geistlichen, er ist auch kein Sozialpolitiker, er ist Demagoge, ein orthodoxer Autokrat. Er möchte auf seine Art und Weise den Menschen eine Lösung ihrer Lebensprobleme anbieten, er möchte sie glücklich machen, zufrieden, nichts soll sie mehr quälen, keiner soll leiden, die Zeit des Suchens soll für immer vorbei sein. Mit einem glühenden Eisen will er die metaphysische Not des Menschen ausbrennen, keiner soll mehr fragen, woher er kommt, wohin er geht, er will nicht, daß der Mensch Gedanken denkt, die über den Rand seines Grabes hinausgehen, aber auch das Kosmische, in das wir doch alle eingebettet sind, soll er überhaupt nicht mehr wahrnehmen. Alles im Leben soll berechenbar sein wie die Parabel eines Steinwurfs, alles auslotbar. Die Fenster nach draußen werden nicht mehr geöffnet, keiner soll über seinen eigenen Tod nachdenken, und Luzifer, der gestürzte Engel mit dem göttlichen Heimweh, soll den Menschen für immer fremd bleiben.

In der Welt des Kardinals gibt es keine Metamorphosen, keine Flügel, kein Erheben aus der Erdenschwere, er will nicht, daß der Mensch zu einem eigenen geistigen Bild vorstößt, zu einer neuen Selbstgeburt, in seinem Land darf keiner auf das Klopfen seines zweiten Herzens hören.

Was der Kardinal in seinem Monolog nicht ausspricht: daß auf der Rückseite einer jeden Gesetzestafel immer auch das Gegenteil geschrieben steht.

27. Juni

WIR wandern vom Lutherbrunnen den rechten Tammichweg hinauf zum »Rosengarten«, wir gehen langsam, Schritt für Schritt.

Wenn man durch diese Wälder geht, sagt Robert, könnte man glauben, der Wald sei unendlich, immer nur diese Stämme, unzählbar.

Auf dem Weg durch das Holz bleiben wir stehen, Robert macht mich auf den Wuchs einzelner Bäume aufmerksam. Was wußte ich früher schon von einer einschnürigen Krümmung, einem Wassertopf, unter dem Wort Zwiesel, Chinesenbart, Maserknolle konnte ich mir kaum etwas vorstellen, er zeigt mir aber auch den Drehwuchs, den Wirbel.

Vor unseren Augen öffnet sich der Wald, ein Kahlschlag. Robert schleicht wie ein Fuchs zwischen den Wurzelstöcken hin und her, immer auf der Suche nach einer fehlerhaften Faserabweichung, nach einem sehenswerten Stück. Plötzlich bleibt er stehen: Johannes, sieh dir das einmal an, ein Wurzelstock mit einem welligen Jahrringverlauf, einer inneren Astigkeit.

Ich sehe, wie er sich freut, wenn er das Richtige gefunden hat, wie er seinen Fund anblickt, nicht wie einen toten Gegenstand, für ihn ist jedes Stück Holz gewachsenes Leben, etwas ganz Individuelles. Diese Stelle müssen wir uns merken, ich werde den Förster bitten, daß er mir ein oder zwei Platten absägen läßt.

Robert kennt den unregelmäßigen Jahrringverlauf, er weiß Bescheid über den sprunghaften Wechsel des Spätholzanteiles, kennt die Standorteinflüsse, die oxidativen Verfärbungen, die Verblauung. Er ist aber auch auf der Suche nach der gestreiften Textur, die durch den Wechseldrehwuchs hervorgerufen wird.

Er sagt: Holz ist im Gegensatz zu deinem geschriebenen Wort etwas zum Anfassen, Holz kann man fühlen, ich kann nur dann arbeiten, wenn ich etwas Sichtbares unter meinen Händen habe. Bäume gehören zu den Dingen, mit denen man sich ein ganzes Leben lang unterhalten kann, glaub mir, jeder Baum hat eine Seele, man muß sie nur finden.

Wir gehen weiter, erreichen die Höhe. Spuren von Wildschweinen, auf einem Wildwechsel bleiben wir stehen, ein Reh bricht aus dem Unterholz.

Sieh dir das einmal an, sagt Robert, die Verfärbungen an den Nadeln, scharf abgegrenzt, die Farben wechseln, graugrün, rotbraun, da und dort ein Braunviolett, der gesamte Nadeljahrgang zeigt ernste Schäden. Die Immissionseinwirkungen nehmen zu, Schadstoffanreicherung in den Pflanzenteilen, so sagen die Fachleute. Auf Grund der Wasserbewegung innerhalb der Nadeln entstehen an den Spitzen die Nekrosen, ein paar Jahre später kommt der Zelltod.

Wir gehen zwischen den Stämmen den Hang hinauf, von einem Baum zum anderen. Die alten abgefallenen Nadeln und das harte Waldgras machen die Schuhsohlen glatt. Auf einer Lichtung bleiben wir stehen.

Wie oft habe ich mich früher noch ins Gras gelegt, sagt Robert, die Hände verschränkt unter dem Nacken, wie oft habe ich hinauf in das endlose Blau gesehen, auf das Ziehen der Wolken. Und heute? Der Jubel ist aus den Wolken verflogen, das Leben läßt Träume nur noch selten aufsteigen. Johannes, wenn die Entwicklung so weitergeht, wird es in unseren Wäldern bald unheimlich werden.

Was wir brauchen, sind Bäume mit einer stärkeren Immissionsresistenz, mit einer größeren Rauchhärte.

Rauchharte Bäume, das sagte mir in der vergangenen Woche schon der Förster.

Man muß den Menschen mehr als bisher ins Gewissen reden, vielleicht hätten sie dann ein Einsehen.

Ein Einsehn? Johannes, wann haben die Menschen jemals etwas eingesehen, solange es ihnen gut geht, sie sehen ja nicht einmal in sich selber ein, sie schauen alles nur an, wägen es in ihrer Hand und fragen: Werde ich dadurch wohlhabender, geht es mir dadurch noch besser als bisher?

Vielleicht hast du recht. Was nützt es uns, wenn wir Jahr für Jahr eine Tausendzahl an jungen Bäumen setzen, lauter Baumkinder, wenn im gleichen Atemzug die Verunreinigung der Luft zunimmt: Schwefeldioxid, Fluorwasserstoff, Chlorwasserstoff, Bleiverbindungen, Ammoniak.

Wir haben den Wäldern das Todesurteil gesprochen, sagt Robert. Aber auch der Mensch zeigt seine ersten Nekrosen …

»Die Existenz des Entsetzlichen in jedem Bestandteil der Luft«, so könnte man mit Rilke sagen.

Wenn der Mensch nur noch die Erfüllung seiner eigenen Wünsche kennt und nicht mehr den Verzicht, wenn ihm der Sieg über sich selber fremd geworden ist, werden früher oder später seine Enkel mit dem Leben bezahlen.

29. Juni

ECKHART ist einer der radikalsten Denker des Mittelalters, das Sein bedeutet ihm mehr als das Haben. Immer wieder wendet er sich in seinen Predigten gegen die Habsucht, den Egoismus, denn schon damals haben sich die Menschen an die toten Dinge verkauft, haben geglaubt, Besitz verleihe ihnen Sicherheit, Identität.

»... nicht das ist schuld, daß die Lage oder die Dinge dich hinderten! Sondern du bist es in den Dingen selber, was dich hindert: deine Stellung zu den Dingen ist verkehrt.«

»Darum kehre dich von allen Dingen und nimm dich, nackt wie du bist, im Wesen.«

Die Besitzgier des Menschen hat von Jahrhundert zu Jahrhundert zugenommen. Mit tausend unsichtbaren Fäden binden wir unser Ich an die Dinge, die Gegenstände, alles wird zum Objekt unserer Begierde. Blind jagen wir den Dingen nach, und wenn wir sie dann besitzen, gleich sind wir ihrer wieder müde und schauen uns nach neuen Gegenständen um. Diese rücksichtslose Besitzergreifung, wohin wird sie uns führen?

Nur wenige Denker in der europäischen Geschichte haben die Auffassung vom Nichthaben so radikal formuliert wie Eckhart, doch der tragisch-deutsche Zug zum Extremen wird auch in seiner Haltung sichtbar.

Eine Wasserhose ist heute früh über der Ebertswiese niedergegangen. Binnen wenigen Stunden trat die ausräumende Kraft des Wassers an den Tag: die Spitter, ein knietiefer Bergbach, wurde zu einem breiten meterhohen Wildwasser.

30. Juni

MEINE Tage sind von Noten umstellt. Eine Melodie blüht auf, geht über in eine andere, da ist ein Hören, Sichhingeben, Tragenlassen.

Schubert tastet sich in seinem Lied »Rückblick« nur langsam an die Tonart g-Moll heran.

Es brennt mir unter beiden Sohlen,
tret' ich auch schon auf Eis und Schnee,
ich möcht' nicht wieder Atem holen,
bis ich nicht mehr die Türme seh'.

Der Wanderer erinnert sich an die glücklichen Tage, die er einst in jener Stadt verlebt hat, aus dem Moll wird G-Dur, Melodie und Harmonik werden abwechslungsreicher, farbiger, Hauptdreiklänge, aber schon huschen die ersten Schatten durch das Lied, die Landschaft wird düster ...

Was hindert mich, zurückzuschauen, das Vergangene noch einmal umzugraben? Es kann sein, daß mich die Jahre schwindlig machen, so weit liegt das alles zurück. Manchmal wache ich mitten in der Nacht auf, erschrecke über mich selbst, ja, da ist auch das Gesicht, etwas blaß, und dazu das weiße Hemd mit dem Schillerkragen. Und plötzlich ist auch das Haus wieder sichtbar, die Uneben-

heit des Weges, ich brauche die Tür nur zu öffnen, da liegt auch der Wohnungsschlüssel, den Mutter unter die Fußmatte legte, wenn sie zum Einkaufen in die Stadt ging. Ich habe immer geglaubt, die Zeit wächst hinter mir zu, ich hätte nie gedacht, daß sie eines Tages auch wieder aufbrechen kann.

Konzertprobe. Auf dem Notenständer liegt Schuberts »Messe in Es-Dur«, die Violinstimme. Alles ist wieder gegenwärtig, die Realschule, die Aula, der Blick in die Anlagen, die Bäume, nicht ganz so genau wie früher, aber ungefähr, annäherungsweise. Noch einmal trete ich zurück in das Bild der Noten, noch einmal sehe ich die Hand des Dirigenten, wie er die Einsätze gibt, höre seine Zwischenrufe, das Abklopfen mit dem Taktstock, höre das Pizzikato der Bässe, das Paukensolo, die Fuge im Sanctus, wie oft haben wir sie damals geprobt, und dann das Benedictus, eine Prozessionsmusik von Station zu Station – Erinnerungsbilder von einer Schärfe, einer Deutlichkeit, wie ich sie früher nie gesehen habe. Schon damals gingen die Töne durch mich hindurch, sie waren mehr als ein Vorübergehendes unter Vorübergehendem. Am späten Abend, wenn ich nach der Probe den Heimweg antrat, hatte ich immer noch die Streicher, die Bläser im Ohr. Doch im November, wenn über der Stadt ein heller wolkenloser Himmel stand und in der Leere des Himmels der Sturm von den Bergen herabkam, war es die »Wanderer-Fantasie«, die mich begleitete.

Damals ging man mit der Musik noch etwas behutsamer um, etwas leiser als heute, da spielte man in den Cafés meiner Vaterstadt die »Ballettszene« von Bériot, die »Romanze F-Dur« von Beethoven, als ich siebzehn Jahre alt war, hörte ich bei einem Glas mährischen Weißweins zum erstenmal das »Notturno« von Schubert, es war in Troppau, im Café Niedermeyer. Und heute, da keiner mehr am Ostersonntag in der Pfarrkirche zu Sankt Martin eine Messe von Schubert spielt, sage ich mir: Damals wußte man noch, was man einem Tag wie dem Ostersonntag schuldig ist, da hatte man noch den Glauben an die Auferstehung in sich wie der Apfel den Kern.

Manchmal denke ich: Schade, daß aus dem Violinspiel nichts geworden ist, vielleicht wäre Euterpe ganz zufrieden mit mir gewesen. Zwei Jahre später hörte ich in Polen das langgezogene Heulen der Wölfe, unterbrochen von dem Gebell der Maschinengewehre. Der Tod marschierte vor dem Schellenbaum, an der Seite der Posaunen und Trompeten. Wer weiß, wieviel neue Musiken, wieviel Lieder und Sonaten in diesen Jahren für immer ins Grab gesunken sind. Nach sechs Jahren Krieg, nach drei Jahren Gefangenschaft noch einmal eine Geige in die Hand nehmen, noch einmal bei den Etüden von Kreutzer und Fiorillo beginnen – wie gut, daß sich der Ton zum Wort gewandelt hat.

Kein Wetterleuchten, vor dem Fenster ist alles dunkel, nur dieser Wind, der stoßweise von den Bergen kommt ...

3. Juli

IN der Tagespresse finde ich heute früh folgende amtliche Mitteilung:

»Ende Juni und Anfang Juli werden über dem Thüringer Wald, speziell im Raum Tambach-Dietharz und der Umgebung der Lütsche- und Ohra-Talsperre, Flugzeuge zu sehen sein, die auf 340 Hektar Pflanzenschutzmittel gegen die Fichtengespinstblattwespe sprühen. Die betroffenen Waldgebiete müssen aus Gründen der Sicherheit für die Dauer dieser Bekämpfungsmaßnahmen und bis zu drei Tagen danach gesperrt werden. Außerdem ist es für weitere sechzig Tage nicht gestattet, dort Beeren und Pilze zu sammeln.«

7. Juli

ÜBER dem Tambacher Forst steigt eine Wetterwand hoch, die oberen Wolkenränder leuchten wie geschmolzenes Silber. Plötzlich sehe ich auf dem dunklen Grund der Wolkenbänke schneeweiße Streifen dahinziehen, und ehe ich mir bewußt werde, was das bedeutet, blitzt es in der Luft, stürzen aus dem Himmel blinkende Geschosse nieder, es hört sich an, als würde eine Riesenhand hunderttausend Kieselsteine auf das Dach der Finnhütte werfen. Ich sehe, wie die Hagelkörner in das Gras niedersausen, hochspringen und liegenbleiben.

In diesem Augenblick kommt der Sturm, faßt nach dem Sonnenschirm auf der Terrasse, nach den Kiefern, den Blautannen, jagt den Hagel quer durch die Baumkronen, die Körner schlagen Äste und Laub zu Boden, der Rasen ist weiß, schneeweiß.

Nach zehn Minuten ist alles vorbei. Ich gehe hinaus in den Garten, nehme ein Hagelkorn in die Hand: im Inneren der Eiskugel winzige Schneekristalle.

Die Sonne ist abgesunken, keine flammende Wolkenwand mehr, nur dieser kleine leuchtende Punkt, der plötzlich von West nach Ost über den Himmel zieht. So schnell geht doch kein Stern. Es ist ein eigenartiger konzentrierter Glanz. Ein Wort schießt mir durch den Kopf: Metall. Es ist der Widerschein der Sonne auf einem fliegenden Satelliten.

9. Juli

MEIN Freund aus Eisenach – wir haben uns 1948 in der ehemaligen Thüringischen Landesstelle für Buch- und Bibliothekswesen in Jena kennengelernt – schreibt mir in einem Brief, daß die Städte und Gemeinden auf dem Gebiet der Umweltbelastung keine Meßdaten mehr veröffentlichen, selbst der Arbeitsgruppe »Natur und Umwelt« im Kulturbund seien die Daten kaum noch zugänglich. Er ist bestürzt, daß man den Menschen so wenig Vertrauen entgegenbringt. Er schreibt: »Wir haben keinen anderen Weg als den Weg über das Wissen zur Wahrheit.«

Meßdaten sind keine militärischen Daten, keine geheime Verschlußsache. Der Mensch muß heute mehr denn je auf die Gefahren aufmerksam gemacht werden, die grenzüberschreitend durch die Luft, das Wasser, aber auch in der Nahrung auf ihn zukommen. Der Schwefeldioxidgehalt in den Zentren der europäischen Großstädte müßte an Meßsäulen genauso ablesbar sein wie in Tokio.

Meßdaten dürfen aber auch nicht niedriger angesetzt werden, als sie in Wirklichkeit sind. Ein Ratsvorsitzender, der im Kreistag mit manipulierten Daten Umweltpolitik betreibt, betrügt nicht nur sich selbst, er betrügt seine Wähler. Jeder Abgeordnete sollte in seinem Wahlkreis auch diese Fragen endlich einmal zu Ende denken. Die Unwissenheit ist voller Gefahren, nicht die Wahrheit; mit dem Wissen eines jeden einzelnen wächst unsere Sicherheit..

Wie immer die ökonomischen Forderungen auch lauten, die Umwelt muß zum Leben hin verändert werden. Das Wohlleben, das ein jeder von uns ansteuert – wer will das bestreiten –, darf anderes Leben nicht vernichten, weder den Vogel in der Luft noch im Gewässer den Fisch.

11. Juli

SEIT gestern geht ein grauer Landregen nieder, es

sieht nicht danach aus, daß sich der Nebel von den Bergkuppen löst.

Was soll ich tun, in der Hütte bleiben und arbeiten? Ich kann nicht den ganzen Tag am Schreibtisch sitzen und schreiben. Gewiß, ich könnte das Radio einschalten, die einzelnen Wellenbereiche durchgehen, Kurzwelle, Langwelle, Mittelwelle, UKW.

Ich gehe hinaus auf die Terrasse. Die Regentropfen auf den Lippen haben einen eigenartigen Geschmack: gewaschenes Wasser, Lauge.

Ich blättere zurück. In meiner Heimat, im Altvatergebirge, da haben die Menschen ein Leben lang mit ihrem eigenen Gesicht gelebt. Ein Gesicht war damals noch etwas Gewordenes, das konnte man nicht so einfach über den Kopf ziehen und durch ein anderes ersetzen.

Im Herbst 1938, als die deutschen Truppen meine Vaterstadt besetzten, durfte man sich mit seinem alten Gesicht auf der Straße nicht mehr sehen lassen, da gab es plötzlich diese Einheitsgesichter, die man überall zu kaufen bekam, bei der SA, der SS, der NSDAP.

Mein Vater, er arbeitete als Appreturmeister in einer Tuchfabrik, gehörte zu den wenigen, die auch nach dem deutschen Einmarsch mit ihrem alten Gesicht zur Arbeit gegangen sind. Eines Tages wurde er vom Sicherheitsdienst abgeholt, man wollte ihm ein neues Gesicht verpassen, er aber lehnte ab. Immer wieder mußte er sich wegen seines alten Gesichtes bei der Polizei melden, wurde verhört, fotografiert. Damals wußte ich noch nicht, wie schnell sich in einer Diktatur das Gesicht eines Menschen verbraucht.

Wenn ich heute zurückdenke, wie oft hat mein Vater die leeren Stellen, die der Geschichtsunterricht bei mir hinterlassen hat, mit seinen eigenen Worten ausgefüllt, er hat mich gelehrt, über Dinge nachzudenken, die in keiner Tageszeitung standen. Ich erinnere mich aber auch, daß Vater, wenige Tage vor dem Einmarsch, mit anderen Männern Panzersperren an den Ausfallstraßen unserer Stadt errichtete, daß unser Haus zu den Häusern gehörte, die beim Einmarsch der deutschen Truppen nicht geflaggt hatten, keine Fahne, keinen Wimpel. Ein paar Tage später haben sich die ersten Freunde von ihm distanziert, der Spinnmeister, der Webmeister, sie sind eingetreten in die SA, wurden Mitglieder der Partei, Vater blieb Sozialdemokrat bis an sein Ende.

Nach dem Einmarsch hörte ich meinen Vater kaum noch die Geige spielen, seine Handflächen waren jetzt immer ein wenig feucht, die Tageszeitung schob er zur Seite, am Abend suchte er im Radio die ausländischen Sender ab, hörte Zürich, Basel, die Abendnachrichten vom Londoner Rundfunk.

Im Frühling 1940, als ich das erstemal als Soldat auf Heimaturlaub kam, durchfuhr mich der Schreck: Vater war alt geworden, er saß am Tisch, brockte sich das trockene Brot in den schwarzen Kaffee, seine Hände zitterten. Ich sah, wie verbittert sein Gesicht geworden war, obwohl an der

Südseite des Hauses der Marillenbaum in voller Blüte stand; etwas Bedrohliches hing in der Luft.

Das mährisch-schlesische Land war Vaters stille Liebe, eine Liebe, die sich durch sein ganzes Leben zog, voller Mißverständnisse und Aneinandervorbeireden. Im Juni 1945 ist das Land auch meinem Vater abhanden gekommen, mit fünfzig Kilo Gepäck auf dem Rücken mußte er sein Haus verlassen, für immer. Drei Tage später, als die Häuser leer waren, kamen von der anderen Seite des Gebirges die »Goldgräber« mit Handwagen und Pferdefuhrwerken in die Stadt. Wer stößt schon in solchen Zeiten durch den Haß hindurch zur Vernunft?

Nachtrag

An jenem Tag, als die Grenzpfähle vor den Toren meiner Vaterstadt mit den Farben Schwarz-Rot-Gelb überpinselt wurden, stand Vater am Fenster und schrie: Mutter, ich kann so nicht mehr leben, diese Anstreicher bringen uns den Krieg ins Land. Aber das ist lange her, andere Kriege haben uns eingeholt, Vater steht aber immer noch am Fenster und schreit: Ich kann so nicht mehr leben ...

15. Juli

ER ist ein Trinker, so sagen die einen, ein Quartalssäufer, die anderen, kein Wunder, daß ihn seine Frau verlassen hat, doch nicht alles, was im Umfeld eines Menschen behauptet wird, ist wahr.

Das Trinken ist für ihn ein ganz normaler Zustand, bei ihm gibt es nicht die Grenze zwischen Trunkenheit und Nüchternheit. Eines Abends sah ich, wie er nach fünfzehn Flaschen Bier die Notenköpfe auf einem alten Notenpult restaurierte, wie er mit ruhiger Hand die Furniere einlegte, er kennt nicht den absoluten Nullpunkt, er weiß immer noch, wann er aufhören muß. Aber etwas anderes zeichnet sich in seinem Leben ab: die Vereinsamung. Seit Jahren zieht er sich mehr und mehr von den Menschen zurück. Früher ist er noch einmal in der Woche zum Skatabend gegangen, heute kommt es ihm lächerlich vor, den ganzen Abend in der Kneipe zu hocken und Skat zu spielen. An manchen Tagen erscheint mir sein Leben wie ein Gestrüpp, in das man kaum noch eindringen kann.

Robert greift nicht nach der Flasche, weil das Gespaltensein zwischen Funktion und Gewissen mit im Spiel ist, er gleicht auch nicht dem Trinker aus Protest, er arbeitet Tag für Tag an seinen alten Möbeln, den Intarsien, er ist ganz ruhig und trinkt, Holzstaub macht nun einmal durstig, die innere Bewegung nimmt zu, der Blick wird anders, die Räume weiten sich, er tritt in etwas ein, das mir fremd ist.

Er weiß: Bier vergröbert. Ich fange mit der hieratischen Schrift deines Weines nichts an, hat er zu mir einmal gesagt. Der Wein ist für die Heiligen, ich gehöre zu den Büßern. Glaub mir, das Bier ist handfester, seine Substanz griffiger, ich bleibe auf der Erde. Und was den Whisky betrifft, mein Gott, da erfriert dir ja auf den Lippen das Lachen.

Es gibt aber auch Tage, da sagt er: Johannes, ich höre auf, endgültig, dann muß ich in seine Hand einschlagen, ihm das Versprechen abnehmen. Ich weiß, daß sich diese Szene nach einem halben Jahr wiederholen wird.

Es wird ein schlimmes Ende mit mir nehmen, sagt Robert, vielleicht habe ich Glück und sterbe an einem Herzschlag und nicht so erbärmlich wie dein Landsmann, dieser Stifter, an einer Zirrhose. Ich möchte mir, wenn es halbwegs geht, nicht gerade mit einem Rasiermesser die Halsschlagader aufschneiden. Und noch etwas: das Alter, Johannes, kennt oft nur den Hunger, ich habe es bei meinen Eltern erlebt, den ganzen Tag warteten sie auf das Essen. Wenn das eines Tages auch mein Schicksal sein soll, nein, dieser Gefräßigkeit möchte ich rechtzeitig aus dem Weg gehen.

Sein Wunsch: zusehen, wie die Flamme die Zeit verbrennt. Was zurückbleibt, ist keine Asche, es ist Heiterkeit.

Es ist immer dasselbe: ich bin müde, schlafe ein, wache nach einer Stunde wieder auf, bin hellwach, fühle mich vom Schlaf zurückgestoßen, ausgebürgert. Ich stehe auf, gehe im Zimmer auf und ab, am Fenster bleibe ich stehen, schaue hinaus in die Nacht.

Liegt das Haus auf einer Wasserader, oder ist es der Felsen, das Rotliegende, das mich nicht zur Ruhe kommen läßt?

18. Juli

MEISTER Eckhart: »Und wäre niemand hier in der Kirche gewesen, ich hätte jenem Opferstock dort predigen müssen.«

Ein solches Wort sagt über das Wesen eines Menschen mehr aus als ein ganzer biographischer Text.

20. Juli

WAS habe ich heute getan, keine einzige Zeile geschrieben, keinen Baum gepflanzt, ich habe nicht einmal Unkraut im Steingarten gejätet, ich saß da und habe nachgedacht. Über was der Mensch nicht alles nachdenkt, wenn er genügend Zeit hat. Ich finde es gar nicht so schlecht, in Pension zu sein, endlich kann man über sich selber nachdenken, über Dinge schreiben, die man ein Leben lang vor sich hergeschoben hat. Gewiß, schon einmal im Leben hatte ich Zeit, viel Zeit, das war im Krieg, so seltsam es sich auch anhört, mitten im Krieg, am Fuße des Monte Cassino.

Mitten im Trommelfeuer hatte ich Zeit, mir eine Erdkrume ganz genau anzusehen, mein Gott, so nahe wie damals habe ich nie wieder einen Brokken Erde gesehen. Ich nahm die Erde in die Hand, konnte sie riechen, fast hätte ich sie im Mund auch schmecken wollen. Und dann die Steine, die mediterranen Pflanzen und Gräser, die aufrechte Trespe, die Kamille, der Efeu. Stunde um Stunde lagen wir in den Deckungslöchern und warteten, bis die Feuerwalze über uns hinweggegangen war. Was sollte man auch anderes tun, man lebte auf Abruf.

Wenn die Düsenjäger die Schallmauer über dem Hög durchbrechen, wenn beim Nachbar der Mörtel von der Decke fällt, zeigt das Holz der Finnhütte noch lange keinen Riß.

Vollmond – unter seinem Licht werfen die Bäume einen bedrohlichen Schatten.

24. Juli

ES ist früh am Tag, kein Regen, der Himmel ist von Wolken frei. Ich breche auf. Keine Wanderung mit Rucksack und Regenhaut, keine Wanderschuhe, ein einfacher Spaziergang von vier bis fünf Stunden.

Auf beiden Seiten des Weges Nadelwald. Zwischen den Radfurchen, die die Holzfuhrwerke in den Waldboden eingegraben haben, ein grünes Rasenband. Vom Waldrand her das Rauschen der Bäume, die plötzliche Stille, wenn der Wind in den Kronen einhält.

Monokultur. Die Fichte dominiert, eintönig, nur da und dort ein paar Laubbäume. Der Waldboden ist mit einer dicken Nadelschicht bedeckt, die Regenwasser laufen ab, dringen kaum noch in den Boden ein.

Auf beiden Seiten des Weges Schneebruch, ein weißes Gewirr von zerbrochenen Stämmen, es sieht aus, als hätte der Wald tagelang unter Artilleriebeschuß gelegen.

Zwischen den Bäumen Lichtschleier, webendes Sonnenlicht.

Hinter dem »Rosengarten« steigt der Weg an, Herz und Lunge antworten auf die Steigung.

Auf beiden Seiten der Waldstraße Laubbäume, zwischen den Buchen ein paar Fichten, die nicht hochkommen. Nur keine Eindringlinge, sagen die Buchen, diese Fichten mit ihrem billigen Nutzholz gehören nicht an unsere Seite, wenn schon Nadelbäume, dann die Tanne. Ein lautloser Kampf, den die Bäume miteinander kämpfen, ein gegenseitiges Einengen, Aushungern, Ersticken.

Am Horizont, schiefergrau, die Silhouette der Berge, ein feingezeichnetes Bild mit zarten Linien, über dem Kamm ein grüner Himmelsstreifen, dazwischen eine dünne Schicht von Weiß.

Die Tiefengliederung der Landschaft, ihre Raumtiefe.

Die Farbe der Wälder, kein einheitliches Grün, da gibt es Licht und Schatten, Gegensätze, Abstufungen, Übergänge, erstaunlich, aus wieviel Farbschattierungen eine solche Landschaft besteht.

Nicht nur das Sonnenlicht, auch eine Wolkenbank kann die Eigenfarbe der Wälder entscheidend verändern, das Medium der Luft schiebt einen Blaufilter vor den grünen Hintergrund.

Der Wald wird dichter. Bäume, die der Sturm entwurzelt hat, vermodern im Dickicht, aus ihren morschen Stämmen wächst der Fingerhut, wuchern Gräser. Ein Stück weiter ein Himbeerschlag, es sieht aus, als hätte die Natur ein rotes Tuch über die Sträucher ausgebreitet.

Wer heute noch glaubt, die Natur im Thüringer Wald befinde sich im Gleichgewicht, geht mit geschlossenen Augen durch die Landschaft: seit Jahren gibt es keine Heidelbeeren mehr, jeder siebente Baum hat Rauchschäden.

Die Waldstraße steigt immer noch an. Wandern heißt in dieser Landschaft aus den Tälern die Hänge hinauf, die Wasserscheide erreichen.

Der Thüringer Wald ist ein hundertzehn Kilometer langer Wall, seine Breite liegt zwischen zehn und fünfunddreißig Kilometern, auf dem Kamm der uralte Grenzweg, der Rennsteig.

Auf beiden Seiten des Kammes tiefe eingerissene Täler, der plateauartige Charakter geht dadurch fast völlig verloren. Dem Urlauber erscheint der Thüringer Wald wie eine Gebirgskette mit Kammlinien, Gipfeln, Pässen und Seitenkämmen.

Unter der Erdoberfläche die unsichtbare Landschaft: Juraschollen, Störungszonen, gefaltet, verschoben, Gesteine und Gesteinsgruppen.

Der Thüringer Wald besteht vorwiegend aus den Ablagerungen der unteren permischen Formation, dem Rotliegenden, aber auch aus Eruptionsgesteinen: Felsitporphyr, Melaphyr. Man spricht von einem präsudetischen Gebirge, einem thüringischen Schiefergebirge, einer mitteldeutschen Kristallinzone. Poetische Worte haben sich die Geologen für ihre Steine ausgedacht: Zechstein, Schieferton, Buntsandstein.

Das Rotliegende wird auch heute noch in den Dörfern verbaut, an den Grundmauern der Häuser ist es ablesbar: ein roter Stein, seine Farbe je nach Fundort, Alter oder Wetterseite. Er lebt von einem zarten Rosa, einem Ocker, geht über in ein rußiges Rot, lauter Nuancen, Farben, die in sich selber ruhn.

Die Herren des Waldes klopfen die Stämme ab. Ist es der Grünspecht, der Buntspecht? Neben dem Weg ein vom Blitz getroffener Baum, ein weißes Gerippe.

Kurze Rast. Der Blick geht hinaus in das Land: ein Wald, der sich kilometerweit nach allen Himmelsrichtungen ausbreitet, keine mächtigen Joche, Gebirgsstöcke, nach allen Seiten hin wogende Wälder, sanft auslaufende Hügelketten. Die Höhenzüge im Süden blaugrau, dunstig, in der Ferne die Silhouette einer Sprungschanze, das Hotel »Panorama«.

Im Osten, wo Georgenthal liegt, wird die Landschaft kleinwaldig, kleinhügelig, das Flachland mit seinen hellen Farbtönen dominiert.

Am nördlichen Horizont, unter einer Staubglocke, Gotha. Rauchballungen.

Ein abgeholzter Hang, der Weg schrumpft zu einem kaum sichtbaren Pfad, die Markierungen an den Bäumen nehmen zu: weiß, grün, gelb, blau.

Auf dem Rennsteig steht die Zeit für einen Augenblick still.

Mitten auf der Ebertswiese liegen verbrauchte Autoreifen im Gras, ein Stück weiter der ausgebaute Führersitz aus einem Lastkraftwagen, an der Quelle, wo das Wasser der Spitter an die Oberfläche tritt, Öllaken, ihre Farbe: ultramarin, stahlblau, schwarz. Ist es den Kraftfahrern, den Traktoristen der staatlichen Forstwirtschaft unbekannt, daß man mit einem Liter Öl eine Million Liter Trinkwasser ungenießbar macht?

Man darf seine Augen vor dem Widerwärtigen nicht verschließen, auch wenn die Ebertswiese heute noch voller Blumen ist …

22. Juli

ICH könnte den halben Vormittag auf der Terrasse sitzen und den Wolkenbewegungen zusehen. Nicht nur die Ebene, auch die Bergwelt hat ihre ganz besondere Wolkenbildung: hier gibt es noch die geballten Wolkenheere, die wie Fabeltiere hinter den Bergrücken aufsteigen.

Wie wunderbar:
draußen stehen wie drinnen,
begreifen und umgriffen werden,

schauen und (zugleich) das Geschaute
selbst sein,
halten und gehalten werden –
das ist das Ziel,
wo der Geist in Ruhe verharrt.

Wer hat das geschrieben, Buddha, Laotse, nein, diese Zeilen sind von Meister Eckhart.

Für einen Denker wie Eckhart, der die Grenzen des Ausdrückbaren weit über den Horizont seiner Zeit hinausgerückt hat, ist die Sprache von entscheidender Bedeutung. Seine Prosa, in der bereits die Metapher wuchtig aus dem Satz hervortritt, weiß um die innere Verflochtenheit der Gedanken, der Sätze, der Gruppierungen innerhalb der Gesamtheit. Hier ist nicht nur Worterfindung, Wortbildekunst, hier ist die sprachschöpferische Kraft eines Poeten am Werk.

Sprache holt nicht nur Welt in uns herein, sie ist immer auch inneres Tätigsein, begleitet den Menschen von seinem ersten Atemzug bis zum letzten, sie kennt unsere Niederlagen, nimmt teil an unserem Geschick, durch sie werden ganze Schicksale ablesbar, manchmal fällt sie uns zu wie ein Geschenk, wir bedienen uns ihrer ein Leben lang, ohne auch nur ein einziges Mal Dank zu sagen, sie ist ein Vorübergehendes und gehört doch zum Beständigsten, das uns das Leben gibt.

Sprache ist nicht nur ein unermeßliches Land von Gedanken und Begriffen, wie Herder sagt, Sprache ist immer auch lebendig gewordene Idee. Woher aber nimmt sie die Fähigkeit, über das

Sichtbare, Erklärbare hinauszugehen? Ich erinnere mich an ein Wort von Gerhart Hauptmann:

Das nenne ich der Sprache bestes Teil,
daß sie, dem Schiffe gleich auf hohem Meer,
zwar nicht die tief verborgenen Gründe sieht,
allein doch kann dorthin den Anker werfen.

Sprache kann für den Menschen aber auch Schutzschild sein, Widerstand. Fahrlässigkeit gegenüber der eigenen Sprache, heißt das nicht immer auch Fahrlässigkeit gegenüber dem anderen Menschen?

Das Wunderbare an der Sprache: man kann sie immer wieder neu aus der Taufe heben, aus der Taufe heben heißt aber auch: dem Leben ein Sinnbild geben.

4. August

DIE langen Tage des Sommers. Die Zeit beginnt sich zu dehnen, ich habe bis heute nicht gewußt, wie lang sechzig Minuten sein können. Ich muß etwas tun, muß Bewegung in die Stille bringen, in dieses Nichtstun. Die Stille ist voller unsichtbarer Konflikte, nicht der Lärm.

In den Nachmittagsstunden Zuflucht zur körperlichen Arbeit. Der Zaun vor dem Haus muß erneuert werden. Ich hole aus dem Keller die Holzpfähle und setze sie in die ausgehobenen Löcher. Von Zeit zu Zeit hebe ich eine Bierflasche an den Mund, schmecke zwischen den Zähnen die Waldluft.

7. August

HUNDSTAGE. Der Wald steht regungslos wie eine aufgestellte Kulisse, die Häuser brüten vor sich hin, die Luft ist eine Mischung von Hitze und Staub.

An solchen Tagen liegt über Tambach die Glocke der Abgase, der Zeitgeist der Industrie. Die frische würzige Luft findet der Urlauber erst nach einer Stunde Fußmarsch, im Ort selbst geht der Atem flach, die Lunge sträubt sich gegen das Blei.

Die Fichten ragen hoch hinauf in das Abendlicht, setzen mit ihren Ästen schwarze Zacken in den gelben Himmel.

Nacht für Nacht schicke ich mein Ohr auf Wanderschaft, um die Stille einzufangen, die mit dem Sternenlicht auf die Erde herabfällt:

die lauschende Stille,
die wartende Stille,
die mahnende Stille,
die erschreckende Stille.

9. August

HEUTE früh bin ich mit dem festen Willen aufgewacht, an den Aufzeichnungen der »Winterreise« weiterzuarbeiten.

Die Noten liegen neben mir, ich nehme sie zur Hand. Ich lese den Text, versuche Text und Melodie in Einklang zu bringen, sehe die Notenköpfe, die Taktstriche, die Pausen. Jedes Lied ist wie aus einem Guß, ohne inneren Bruch.

Von den vierundzwanzig Gesängen stehen sieben in Dur. Habe ich sie übersehen, wollte ich an ihnen vorbeigehen? Man darf die Hoffnung, die Heiterkeit in diesen Liedern nicht überhören, es sind Melodien, die gegen den Winter immer wieder ankämpfen.

Zu den wenigen Liedern in Dur gehört auch »Die Post«. Ein drängender Sechsachtelrhythmus, alles ist voller Erwartung, Bewegung, es ist, als hätte das Hornsignal die düsteren Schatten der Vergangenheit in die Flucht geschlagen. Posthorn und Singstimme sind auf Dreiklangmotiven aufgebaut. Zum erstenmal ist es dem Moll versagt, sich durchzusetzen. Ganz andere Töne klingen an dein Ohr, das Horn setzt neue kraftvolle Akzente, und plötzlich wird auch das Leben wieder lebenswert, aber die Frage

> Die Post bringt keinen Brief für dich.
> Was drängst du denn so wunderlich,
> mein Herz?

ist bei aller Heiterkeit auf einen ernsten Hintergrund geschrieben, es ist das Moll, das wie ein Schatten dem Posthorn folgt.

Der Weg von der Finnhütte zum »Rosengarten« ist ein Waldweg, den man allein gehen muß, ein Weg, der zum Denken anregt.

Ich bleibe unter den Baumkronen stehen, betrachte das glänzende Blattwerk, die Wurzeln, die zerrissene Borke der Fichten, dazwischen eine alte Birke mit knorriger Rinde, da ist ein Ast, der sich krümmt und wieder streckt, ich sehe das Moos, das sich eingenistet hat in den steinigen Boden, ein Stück weiter die glatte Schnittfläche eines gefällten Baumes …

11. August

IN diesen Tagen ist es auf dem Hög kaum auszuhalten, da sind die Nachbarn von früh bis spät in Aktion, man wird aufgezehrt vom Lärm der Kofferradios, die Stunden trüben sich ein, die Gedanken schwingen nicht mehr aus, bis spät in den Abend hinein wird gefeiert, auf dem Rost gebraten, eine Flasche Bier nach der anderen geöffnet, ja selbst der Fernsehapparat wird ins Freie geholt, das Sehen in die Landschaft hat man längst verlernt.

Abendbrot in der Gaststätte »Zum Tammichgrund«. An der Theke stehen zwei Forstarbeiter, es könnten Vater und Sohn sein.

Was macht der Schneebruch, fragt der Wirt.

Er nimmt kein Ende, antwortet der Ältere, wenn wir so weitermachen, sind wir nach fünf Jahren noch im Holz.

Und die Helfer aus der Stadt?

Die kannst du vergessen.

Ich wüßte schon, wo man die richtigen Männer findet, sagt der Jüngere.

Die richtigen Männer, da bin ich aber neugierig, antwortet der Wirt.

Zuerst einen Doppelten. Der Wirt schiebt den Korn über die Theke.

Jede Woche eine Kompanie Soldaten zum Arbeitseinsatz.

Soldaten? Wer uns hilft, das sind die Freunde aus der Garnison.

Der junge Forstarbeiter greift nach seinem Doppelten, ich sehe, wie er den Ärger hinunterspült.

14. August

DER Dauerregen, der seit gestern aus den Wolken fällt, hat das Rotliegende blankgewaschen, erst jetzt kann man die einzelnen Abstufungen in den Farben erkennen, das Grau im Rot, das Rötliche vermischt mit Blau, die Rosenholzfarbe mit ihren dunklen Schatten.

In Roberts Werkstatt steht eine mittelgroße Plastik, ein Engel der Verkündigung, seine Flügel sind angesengt, sein hemdartiges Gewand muß mit einem ruhigen, aber kräftigen Blau bemalt gewesen sein.

Vor Jahren sagte sein Sohn: Vater, was hast du nur mit deinem Engel, lauter Holzwürmer, Mehlstaub, du solltest ihn verbrennen.

Den Engel verbrennen? Du mußt verrückt sein,

das führt zu nichts, glaub mir, man muß mit seinem Engel leben ...

Es ist Abend. Robert sitzt in der Werkstatt, im Halbdunkel. Als ich eintrete, höre ich, wie er sagt: Mein Engel, warum sprichst du nicht mit mir?

Sein Gesicht ist heute grau, aschgrau. Auf seinem Arbeitstisch steht eine Bierflasche neben der anderen, daneben liegt eine angebrochene Semmel, ein Stück Salami.

Dein Engel steht den ganzen Tag in der Ecke und sieht durch das Fenster hinaus in den dreckigen Hof.

Ich weiß, daß es kein lebender Engel ist, antwortet Robert, das Holz ist mürbe geworden, die Farbe blättert ab, doch eines Tages wird er mit mir sprechen.

Vielleicht wird er eines Tages überhaupt nicht mehr dastehn, er wird es satt haben, immer nur zu warten, im Halbdunkel, auch ein Engel möchte wieder einmal in einer Kirche stehen und leuchten.

Johannes, du sollst nicht immer Engel sagen, ich habe ihm vor Jahren einen Namen gegeben: Tobias.

Soviel ich weiß, haben Engel überhaupt keine Namen, Engel leben außerhalb der Zeit.

Mein Freund steht auf, geht hinüber zu seinem Bauernengel und sagt: Tobias, weißt du, daß du mir unrecht tust, siehst du nicht, was man aus dieser Welt gemacht hat? Du hättest mir lange schon einen Fingerzeig geben können. Nach einer Weile: Ich merke schon, auf was du hinauswillst, du brauchst mir nichts zu sagen, ich bin dir nicht fein genug, ich beuge vor dir nicht das Knie.

Robert setzt eine neue Flasche an die Lippen, trinkt und wirft sie zum offenen Fenster hinaus.

Vergiß nicht, ich war es gewesen, der dich aus der brennenden Dorfkirche gerettet hat, ich allein. Wäre ich damals nicht so voll gewesen, keiner wäre für dich durch die Flammen gegangen, die Bauern aus dem Dorf haben sich einen Dreck um dich gekümmert.

Robert geht dicht an den Engel heran.

Ich verstehe nicht, warum du mich so vorwurfsvoll ansiehst. Es geht uns doch gut, wir müssen noch lange nicht betteln gehen, du hast ein herrliches Dach über dem Kopf, ein Zuhause.

Ich setze mich auf die Ofenbank und sehe zum Fenster hinaus. Plötzlich sagt Robert: Johannes, hast du das gehört? Ich würde viel zuviel trinken, hat Tobias gesagt.

Tobias hat recht.

Ich weiß, du wirst mich überleben, aber du wirst keinen Frieden mit dir finden, kein Dach mehr über deinen Locken, die Zeit, in der wir heute leben, ist engellos, keiner wird seine Hand nach dir ausstrecken, sie werden dich verbrennen.

Die Abendsonne steht vor dem Fenster, der Schatten des Engels ist länger geworden.

Ich sage es dir im guten, du gehörst nicht zu den Auserwählten, zu den Engeln, die unter Denkmalschutz stehen, du bist und bleibst ein Bauernengel. Sieh mich nicht so vorwurfsvoll an, fünfzehn Flaschen Budweiser sind nun wirklich nicht zuviel.

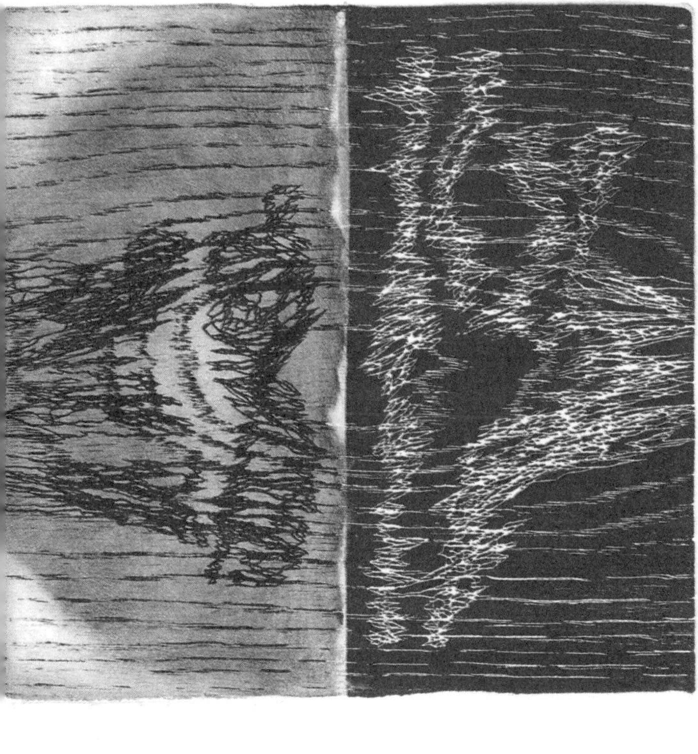

Ich stehe auf, gehe auf Robert zu: Vielleicht solltest du Tobias doch noch restaurieren, seit zehn Jahren steht er in der Ecke und wartet.

Robert sieht mich an. Restaurieren, du bist nicht ganz bei Sinnen. Hast du noch nie gehört, wie mein Engel singt, abends, wenn ich einschlafe, ganz leise …

17. August

DER Himmel hat heute die Farbe hellgrauer Asche, die Sonne, eine flammende Scheibe.

Am Nachmittag starke Gewitter. Als Kinder haben wir uns splitternackt in den Gewitterregen gestellt.

19. August

DELPHINIUM cultorum. Nein, das ist nicht mehr die kleine unscheinbare Blume mit dem trüben Blau, den dürftigen Rispen, diese Blume erinnert sich kaum noch an die Steppe, an die nackten Hänge der Berge. Dreihundert Jahre lang hat der Mensch an ihrer Veredelung gearbeitet, keiner kennt mehr die Anzahl der Versuche, die ausgemerzten Fälle.

Der Rittersporn gleicht aus der Ferne einem gläsernen Turm. Seine Farbe erinnert mich an das Wasser der Gletscher, an den Berghimmel über dem Wilden Kaiser, an die alten Kirchenfenster meiner Vaterstadt, ja selbst das Blau der Großmutter, das Blau des Lavendels, hat diese Blume hinübergerettet in unsere Tage. Nein, diese Farbe läßt sich nicht beschreiben, es ist ein Blau, das die Sonne allzuleicht versengt, selbst die zurückgeworfene Hitze einer Gartenmauer kann für diese Farbe tödlich sein. Geht der Wind über die Stengel, schimmern die unteren Seiten der Blüten wie milchiger Opal.

Als ich zehn Jahre alt war, hat meine Mutter zu mir gesagt: Nimm drei Blüten vom Rittersporn in dein Medaillon, trag sie um deinen Hals, aber vergiß nicht zu Ehren der heiligen Ottilie drei Messen lesen zu lassen, es wird deinen Augen guttun.

Wenn ich mir das Wachsen und Blühen der Blume ansehe, so glaube ich, daß auch eine Blume glücklich sein kann über ihr Sein.

Am späten Abend rollt an der Hütte ein alter Leiterwagen mit Heu vorbei; so etwas gibt es in Tambach auch heute noch ...

23. August

SEIT Wochen führe ich mit der »Winterreise« einen eigenartigen Dialog, ein Gespräch, wie ich es zuvor mit keinem anderen Kunstwerk geführt habe.

Da ist das Lied mit dem fallenden Zweitonmotiv, die »Letzte Hoffnung«. Nein, ich bin nicht der

Meinung, daß dieses Lied einer versiegelten Kunst gleichkommt, daß das siebente Siegel, wie Vetter schreibt, noch unaufgebrochen ist, es gibt in der »Winterreise« hintergründigere Lieder.

Bewegt sich dieses Lied wirklich am Rand der Zeit, am Rand der menschlichen Existenz, fallen seine Töne wirklich ins Leere, ins Irrationale? Gewiß, man kann es nicht überhören, das Motiv des Fallens, alles in diesem Lied hat eine fallende Tendenz. Im Gedicht sind es die Blätter des Baumes, im Lied die Töne, und da ist keiner, »welcher dieses Fallen unendlich sanft in seinen Händen hält«, wie Rilke schreibt. Jeder Ton fällt für sich, erbarmungslos, selbst die Singstimme kann diesem Fallen keinen Einhalt gebieten. Es gab Tage, da stand ich wie gelähmt unter diesen Tönen.

Die Tonart des Liedes, so habe ich mir sagen lassen, wäre kein mollgefärbtes Es-Dur, wie ich ursprünglich annahm, es ist eine Art es-Moll mit Dur-Aufhellungen.

Lektüre: Tagebuchblätter von Schubert.

24. März 1824. »Schmerz schärft den Verstand und stärkt das Gemüth ...«

27. März 1824. »Man glaubt immer zu einander zu gehen und man geht immer nur neben einander ...«

28. März 1824. »Verstand ist nichts als analysierter Glaube ...«

Tagebucheintragung von Goethe: »Sendung von Schubert aus Wien von meinen Liedern-Kompositionen.«

Keine Empfangsbestätigung, kein Dank. Die Noten werden zu den Akten gelegt.

Wenn ich von der »Winterreise« wieder heimkehre in die Finnhütte, blühen vor meinem Fenster die Rosen.

26. August

ICH sitze vor einem leeren Blatt Papier, neben dem Papier, über dem brennenden Teelicht, die Teekanne. Manchmal dringt das Rauschen der Bäume bis in mein Zimmer, dann wieder ist es still, totenstill.

Ich stehe auf, gehe im Zimmer hin und her, vor dem Bücherregal bleibe ich stehen, lese die Rücktitel, greife wahllos nach einem Buch, es ist Eckharts »Buch vom Troste«, schlage eine Seite auf, blättere weiter, lese, und plötzlich, ich traue kaum meinen Augen, dieser Satz: »Es ist der Natur schlechthin unmöglich, ein Wesen zu zerbrechen, zu schädigen oder irgend anzutasten, wofern sie nicht damit auf einen höheren Wert hinauswill. Nicht genügt es ihr, daß sie ein Gleiches schaffe, sie will durchaus ein Besseres.« Deutlicher und klarer kann man den Gedanken der Evolution im vierzehnten Jahrhundert nicht aussprechen.

Die Urzelle hat sich auf die Vollendung des

Menschen hin bewegt, personifiziert, tritt als selbständiges Individuum an den Tag. Aber auch unser Bewußtsein ist nicht nur ein in der Evolution befindliches zusammenhängendes Ganzes, es ist ein Bewußtsein, das ständig in Bewegung ist, ein wachsendes Bewußtsein, das uns die Möglichkeit gibt, neue Dinge zu denken, zu fühlen, zu empfinden, das uns die Tür zu einer neuen und höheren Lebensordnung aufstoßen kann. Wir stehen an einer Wegscheide: wenn wir den Aufbruch in eine neue Bewußtseinssphäre ignorieren, dieses vorausschauende Denken, den Prozeß der Vergeistigung, setzen wir unsere eigene Zukunft aufs Spiel.

Nicht nur das menschliche Bewußtsein, auch unser Gehör hat in den letzten achthundert Jahren entscheidende Metamorphosen durchgemacht. Welch differenzierte Klangverbindungen können wir heute in uns aufnehmen, von Perotinus zu Francesco Landino, von Bach, Beethoven und Mahler bis zu Strawinski und Stockhausen.

3. September

GESTERN war es noch Sommer, heute ist es Herbst. Er muß über Nacht ins Land gekommen sein, mit einem Dunst, der rauchblau über den Bergen liegt.

Die Landschaft ist verhaltener geworden, nicht mehr so berechenbar wie unter dem grellen Licht der Sommersonne, sie hat plötzlich etwas Geheimnisvolles angenommen, ist voller Ahnung, Unausgesprochenes kommt auf dich zu.

Ich kenne deinen Schritt ganz genau, sagt Robert, als ich gegen acht Uhr seine Werkstatt betrete, ich weiß, ob du es bist, der den Plattenweg heraufkommt, oder mein Nachbar.

Ich bin auf dem Weg zur Post, ich wollte dir im Vorübergehen einen guten Morgen wünschen.

Wie du siehst, ich bin noch immer beim Frühstück. Er zieht das Messer aus der Hosentasche, schneidet sich einen Kanten Brot ab und brockt es in eine Schüssel mit schwarzem Bohnenkaffee. Die beiden Fenster stehen offen, der Wind weht von den Bergen frisch ins Zimmer herein, ich atme tief die morgendliche Luft.

Deine Werkstatt ist ja heute in einem einwandfreien Zustand, die Fenster sind geputzt, die Dielen gescheuert, kein Holzmehl unter dem Tisch.

Mein Hausgeist hat für Ordnung gesorgt.

Zweimal in der Woche kommt aus Dietharz eine Frau, die Werkstatt und Wohnung in Ordnung hält. Da wird gewaschen, gescheuert, gebügelt, er läßt ihr freie Hand, sie weiß, auf was es ihm ankommt, sie kauft auch für die ganze Woche ein, legt alles in den Kühlschrank, trägt die Rechnungen auf die Post.

Nach dem Frühstück setzt sich Robert an seinen Arbeitstisch. Ich bleibe sitzen und sehe zu. Man muß ganz einfach zusehen, wenn seine Hände mit dem Holz zu reden beginnen.

Sieh, wie feinstreifig dieses Eschenholz ist, sagt

er zu mir und streicht mit der Hand fast zärtlich über die Platte. Auf seinem Arbeitstisch liegen aber auch andere Hölzer: das Kernholz der Edelkastanie, dunkelbraun, nachgedunkelt, mit einem starken undefinierbaren Geruch, weinrot in der Farbe das Holz der Platane.

Vor dem Fenster plötzlich ein Gekläff, zwei Hunde haben sich ineinander verbissen, wälzen sich im Gras.

Wenn du schon einmal hier bist, sagt Robert, dann will ich dir meine neuesten Hölzer zeigen, sie kamen gestern erst an. Er steht auf und geht mit mir hinüber in den Lagerraum.

Hier hast du sie alle beisammen: Ahorn und Eiche stehen für Weiß, die Birke für Gelb, der Kirschbaum gibt den Furnieren das bräunliche Gold, und das, Johannes, ist Palisander, das Kernholz dunkelbraun, violettbraun, und hier, sieh es dir ganz genau an, tiefschwarz ist dieses Holz, es stammt von einer Mooreiche.

Wir gehen zurück in die Werkstatt.

Die Menschen machen es sich heute viel zu leicht, sie wissen oft gar nicht, was Handarbeit bedeutet. Wer vor zweihundert Jahren einen solchen Sekretär gebaut hat, der hat für Generationen etwas getan. Ich glaube, Johannes, daß es auch im Menschen eine Schönheit gibt, die von der Arbeit kommt.

Manche Dinge werden in unserem Leben erst spät hell.

MITTAGESSEN im Hotel »Zum Lamm«.

Das Essen in den Gaststätten ist zu einer bloßen Nahrungsaufnahme geworden, es gibt kaum noch Fleisch, das sich vom Geschmack her mitteilt. In den Wirtshäusern wird heute nur noch der Hunger gestillt, da wird nur noch gefressen, Kalorienzufuhr, ja selbst die Menüs in den Interhotels, ob in Erfurt, Leipzig oder Dresden, haben alle den gleichen Geschmack.

Die Erkenntnis, daß jedes Leben seinen eigenen Rhythmus hat, kam mir erst spät. Jahrzehntelang war für mich der Rhythmus ein Phänomen, das mir gar nicht bewußt wurde.

Der Mensch hat über die Natur, über das Kommen und Gehen der Jahreszeiten, über Ebbe und Flut die meßbare Zeit gesetzt, die Stunde, die Sekunde. Die Toleranz, die uns der Rhythmus gibt, scheint aufgehoben. Die Maschine duldet keinen Rhythmus, sie kennt nur den Takt. Ein Leben, das ausschließlich dem Takt gehorcht, zerstört sich selbst.

Die Technik strebt nicht nur eine schärfere Präzision an, auch die Zeitspanne an der Drehbank wird zwischen den einzelnen Rohlingen immer kürzer, der Blick des Arbeiters richtet sich auf die Norm, auf die Einsparung der Zeit, ja selbst im Sport bringt heute die Hundertstelsekunde die Entscheidung, eine der fragwürdigsten aller Entscheidungen.

Der Mensch muß von Zeit zu Zeit mit seinen Gedanken, seinen Gefühlen aus der meßbaren Zeit ausbrechen, er benötigt mehr denn je den ruhigen Spiegel der Seen. Die Diktatur der Uhr hat unsere Seele müde gemacht. Wir können die uns zur Verfügung stehenden Stunden weder verdichten noch dehnen. Wie oft leben wir heute schon von einer im voraus berechneten Zeit.

Was erwarten wir von der Technik, ein Paradies? Haben wir vergessen, daß wir das Haus, in dem wir arbeiten und leben, auch mit unserer Seele bauen müssen?

12. September

ES gibt Tage, da überkommt mich das Gefühl der Sinnlosigkeit. Es ist wie ein Schmerz, wie ein Finsterwerden im Herzen, es kann Stunden dauern, Tage, jede Fiber ein ineinandergewachsener Irrsinn. Ich weiß, daß die Sinnlosigkeit den Menschen nicht weiterbringt, daß sie alles entleert, und dennoch überfällt sie mich von Zeit zu Zeit, springt aus dem Hinterhalt mich an.

Ob auch Meister Eckhart solche Tage und Stunden gekannt hat, die Verachtung, den Ekel, vielleicht hat er in seinem Leben nur nicht darüber gesprochen. »Illabitur tetrum chaos« heißt es in einem alten katholischen Vesperhymnus: Das Chaos kommt heran, nähert sich, senkt sich auf uns herab …

»Mut«. Ich kenne nur wenige Lieder, die von einem solchen zupackenden Rhythmus getragen werden. Wie eine geballte Faust stoßen die Töne nach oben, durch die Eisdecke hindurch, das Moll wird kaum wahrgenommen. Es ist ein trutziges Motiv, voller Kraft, Vitalität, aber auch die Melodie ist voller Aggressivität:

> Fliegt der Schnee mir ins Gesicht,
> schüttl' ich ihn herunter …

Dem Winter wird der Kampf angesagt, das ganze Lied ist Aufbruch, Widerstand, Empörung.

Musik ist gläubig aus sich selbst heraus, sie kann der Skepsis, der Resignation niemals ganz anheimfallen.

Zwischen den einzelnen Liedern der »Winterreise« ein Raum, wie zwischen den Sternen.

17. September

DIE Wiese vor der Hütte ist immer noch grün, aber die Nadeln an den Lärchen werden langsam gelb.

Die Wildgänse ziehen. Sie überschauen in ihrem Flug ein menschliches Jahrhundert.

Ich erinnere mich an die Jahre, in denen ich unterwegs war, da ging ich von einer Stadt in die andere, von Orvieto nach Spoleto, von Viterbo nach

Tuscania, von Tarquinia nach L'Aquila, da wollte ich alles in mich aufnehmen. Heute weiß ich, daß man sich die schönen Dinge der Welt nur langsam aneignen kann, durch einen steten geistigen Prozeß, und nicht von heute auf morgen.

Abendspaziergang. Der Weg geht am Schwimmbad vorbei, an den Forellenteichen. Im Wald eine gewaltige Felsenwand, Rotliegendes, sichtbar die einzelnen Schichten.

In der Spitter kleine Forellen, lehmfarben. Die Berghänge an beiden Seiten treten zurück, die Landschaft wird offener, in den Wiesen Bauminseln, fußhoch die ersten Septembernebel.

Kurz vor Mitternacht schlage ich noch einmal seine Predigten auf. Da gibt es Seiten, über die man ganz einfach hinwegliest, aber plötzlich stößt man auf Sätze, die für das vierzehnte Jahrhundert unvorstellbar sind:

Wie die Materie nicht ruht ...
Zeit und Raum sind immer Stückwerk ...
Zahl gibt es nur in der Welt der Zeit und der Unvollkommenheit.
Aber auch Gott wird und vergeht.
Nur das Nichts ist unwandelbar.
Denn alles Endliche ist nur ein Mittel.
Am Umkreis der Ewigkeit ...

Was mich wundert, daß solche Sätze bis heute noch keine Löcher ins Papier gebrannt haben.

Nachtrag

Es gibt Predigten von Meister Eckhart, die wurden später mit dogmatischen Formulierungen durchsetzt, um sie vor der Vernichtung zu retten. Originaltexte konnten für den Besitzer lebensgefährlich sein, wenn sie der Inquisition in die Hände fielen.

23. September

IN den ersten Monaten unserer Freundschaft habe ich geglaubt, Robert sei ein Handwerker wie jeder andere auch, ein Mann, der täglich seiner Arbeit nachgeht, Geschäfte treibt, an den Sonn- und Feiertagen mit dem Auto unterwegs ist, irgendwo im Thüringer Wald einen Bungalow besitzt, erst später wurde mir bewußt, daß sich hinter dem Intarsienschneider etwas ganz anderes verbirgt: dieser Mann schreibt seine Gedanken in ein Notizbuch wie andere Handwerker ihre Einnahmen und Ausgaben, er reist auch nicht nach Bulgarien, in die Hohe Tatra oder an den Plattensee, er hat sich in seinem Leben ganz woanders angesiedelt.

Neben seinem Arbeitsplatz stehen ein paar Bücher. Merkwürdig, sage ich, ich habe dich noch nie in diesen Büchern lesen sehen.

Diese Bücher liest man auch nicht wie einen Roman. Es gibt Tage, da stehe ich mitten in der Arbeit auf, greife nach einem Buch, lese ein paar Seiten und lege es wieder aus der Hand.

Ich gehe an das Regal. Kein Hemingway, kein

Dostojewski, aber dafür Dschuang Dsi, »Das wahre Buch vom südlichen Blütenland«, daneben »Das Buch der Sitte« von Li Gi, »Das wahre Buch vom quellenden Urgrund«.

Du weißt, ich habe in meinem Leben nie viel gelesen, doch wenn ich mir ein paar Bücher mit in die Werkstatt nehme, dann müssen es Bücher für Jahre sein. Die meisten Bücher, die heute geschrieben werden, sind Bücher für den Tag. Man muß mit einem Buch monatelang allein sein können, sonst taugt es nichts.

Ich nehme »Das wahre Buch vom südlichen Blütenland« aus dem Regal, schlage es auf, beginne zu lesen: »Im baumlosen Norden ist ein abgrundtiefes Meer: der Himmelssee. Dort lebt ein Fisch, der ist wohl tausend Meilen breit, und niemand weiß, wie lang er ist. Er heißt Leviathan. Dort ist auch ein Vogel. Der heißt Rokh. Sein Rücken gleicht dem Großen Berge; seine Flügel gleichen vom Himmel herabhängenden Wolken. Im Wirbelsturm steigt er kreisend empor, viel tausend Meilen weit dahin, wo Wolken und Luft zu Ende sind und er nur den schwarzblauen Himmel über sich hat. Dann macht er sich auf nach Süden und fliegt nach dem Südlichen Ozean …

Weißt du, was ich in letzter Zeit wiederholt gedacht habe, sagt Robert, die Menschen werden eines Tages genau so bescheiden leben müssen wie die alten Chinesen, wie Laotse, wie Konfutse, wie die Jünger Buddhas. Wir bewegen uns heute an der äußersten Grenze des Habens.

Ich sehe Robert von der Seite her an.

Ein sattes, ein zu bequemes Leben hat für die Menschen immer etwas Schädigendes, die geistigen und seelischen Metamorphosen sterben ab, das Leben gleicht einem Gefängnis, von Jahr zu Jahr werden die Stäbe dicker.

Robert steht auf, holt sich eine Flasche Budweiser, nach einer Weile sagt er: Weißt du überhaupt, wieviel Zeit beim Umblättern einer solchen Seite vergeht? Es sind Jahrhunderte. Du solltest dir eines dieser Bücher mit nach Hause nehmen ...

Am Abend bin ich beim Anhören der »Winterreise« im Sessel eingeschlafen. Als sich der Plattenspieler ausschaltete, wurde ich wach.

26. September

LEKTÜRE. Heute vormittag habe ich zum zweitenmal den »Großinquisitor« gelesen.

Christus und der Kardinal haben sich der Zukunft des Menschen verschrieben, zwei Wege, die in ihrer Zielstellung so unterschiedlich sind, daß keine Brücke von der einen auf die andere Seite führt. Der Kardinal als historische Erscheinung wirkt in der Geschichte, glaubt aber nicht an die Veränderung der Welt, keine eschatologischen Hoffnungen, er begnügt sich mit dem, was er im Menschen vorfindet, verlangt die Unterwerfung, die Dingwerdung. Meister Eckhart wußte noch um das Mysterium Mensch, dem Kardinal ist diese Ehrfurcht fremd, er glaubt nicht an jene Bezirke des Lebens, wo die Liebe über das Sinnliche hinausgeht, er lebt in seiner eigenen Leibeigenschaft, ist Pragmatiker, Verstandesmensch, seine Seele gleicht einer versteinerten Träne. Dostojewski zeigt uns, wo die Grenzen eines solchen Geistes liegen: dort, wo der Gefangene aufsteht, wortlos auf den Kardinal zugeht und ihm die blutleeren Lippen küßt, eine Antwort, die den Großinquisitor erzittern läßt. Dieser Kuß ist keine sanfte Gleichung, in der alles aufgeht, wer sich als Mensch in diesem Kuß erkennt, wird ein anderer.

Vielleicht liegt es im Wesen einer jeden großen Idee, daß sie vom Menschen mehr verlangt, als er im Augenblick selbst geben kann.

Zwischen dem Auferstandenen und dem Kardinal liegt für Dostojewski das ganze Leben.

Wie alle großen Offenbarungen, so scheint auch dieser Monolog unwahr, weil er wahr ist.

Die geistige Freiheit des einzelnen und das tägliche Brot als soziale Zielstellung sind in einer sozialistischen Welt für alle Menschen denkbar, teilbar, annehmbar.

30. September

DIE Wälder um Tambach sind groß, tief und still. Ab und zu ein paar Sprengungen in den Steinbrüchen, gegen Abend fallen vereinzelt Schüsse, dann bitte ich den großen Pan, daß er das Rotwild rechtzeitig vor den staatlich geprüften Wildschützen warnt, manchmal fahren Lastkraftwagen an der Hütte vorbei, beladen mit Holz. Es wird noch Jahre dauern, ehe die Wälder vom Schneebruch geräumt sind. An manchen Tagen sieht man am Himmel die Kondensstreifen der Düsenjäger.

Am Ende der Reise begegnet der Wanderer dem Leiermann. Der Text des Liedes ist bekannt: der Alte steht barfuß auf dem Eis, seine Finger sind klamm, der Teller bleibt leer …

Stumpf wie das Eis ist auch die Melodie, keine Beschönigung, kein Versprechen, verlorener kann ein Lied nicht mehr klingen, das Elend des Menschen wird hörbar. Es ist die Form der alten Meistersingerweise: »zwei Stollen und ein Abgesang«. Als doppelter Orgelpunkt liegt im Baß die leere Quinte der Tonika. Die vordergründige Realität wird aufgehoben, man hört, unabhängig vom Text, was das Wesen des Leiermanns ausmacht. In dieser Komposition wird nicht mehr gefragt: Was darf ich, was darf ich nicht, hier bröckelt alles ab, die Heimat, das Zuhause, der Mensch wird mit einem Fußtritt aus dem Land geworfen … In einem solchen Leben gibt es nur noch die leiernde Leere.

Der Leiermann hat aufgegeben, Schubert nicht.

4. Oktober

ICH stehe am Fenster, die Hände in den Hosentaschen, und sehe hinaus. Was soll ich tun, die Zeit totschlagen? Es ist still geworden auf dem Hög.

Ich setze mich auf die Terrasse und sehe hinüber auf die Höhenzüge, auf einen Herbsthimmel, der keine Farben mehr hat, der verregnete Sommer hat sie ausgewaschen, weggespült.

Spaziergang durch den Nachmittag. Wer weiß, wie oft ich diesen Weg schon gegangen bin, es ist das gleiche und doch nicht das gleiche. Da fällt das Licht mit einer anderen Färbung durch die Wipfel, eine andere Dunkelheit nistet sich in den Kuhlen ein, die Schritte im Herbst hallen anders auf dem Waldboden wider als in den Sommermonaten.

Das Langholz hat tiefe Furchen in den Waldweg gerissen, in den Vertiefungen steht knöcheltief das Wasser, die Birken am Waldrand sind fast schon entlaubt.

7. Oktober

ÜBER dem Gebirge dunkelgraue Wolkenbänke, sie haben die Farbe des Bleies, nur da und dort ein verhaltenes Blau.

Am Horizont keine Scheidelinie, Berge und Wolken gehen ineinander über, künden den Umschwung der Jahreszeit an.

Ich sitze unter der Lampe und lese die Biographie eines Musikers. Ich weiß nicht, wie ich zu diesem Buch gekommen bin, ich muß es vor Jahren in einem Leipziger Antiquariat erworben haben. Dort, wo das rostbraune Leseband aus dem Buch heraushängt, liegt auch ein alter Zettel. Er ist immer noch so gefaltet wie einst, gelb von der Zeit, und wo die Brüche sind, dort ist das Papier schon etwas mürbe.

Ich erinnere mich an sein Geburtshaus in Wien, am Himmelpfortgrund, an seine letzte Wohnung in der Kettenbrückengasse 6. Man müßte ihm einen Brief schreiben, einen Dankesbrief, auch wenn er lange schon tot ist, ein Handschreiben, die Schriftzüge diagonal von links nach rechts, selbstverständlich auf *Geschoepftem Buetten, Koenigstein 1569 …*

Sehr verehrter Herr Compositeur,
Sie haben sich mit Ihrer Musik in mein Leben eingemischt, mit welchem Recht? Ich erlebe die »Wanderer-Fantasie«, die »Winterreise« wie ein Stück von mir selbst. Ich, der ich ein anderer bin als Sie, frage mich, wie so etwas im Leben möglich ist.

Ich bin doppelt so alt. Vielleicht bin ich so alt geworden, weil ich jahrzehntelang mit Ihrer Musik gelebt habe, Tag für Tag. Ich glaube nicht, daß es falsch war, Ihren Tönen nachzugehen, obwohl ich mich wiederholt gefragt habe, warum gerade Sie, da gibt es doch Bach, Mozart, Beethoven, da gibt es den Brahms, den Bruckner, den Mahler. Ich weiß nicht, wann und wo sich der Übergang von der ersten jugendlichen Begeisterung zu jener großen stillen Liebe vollzogen hat, es muß wohl mit

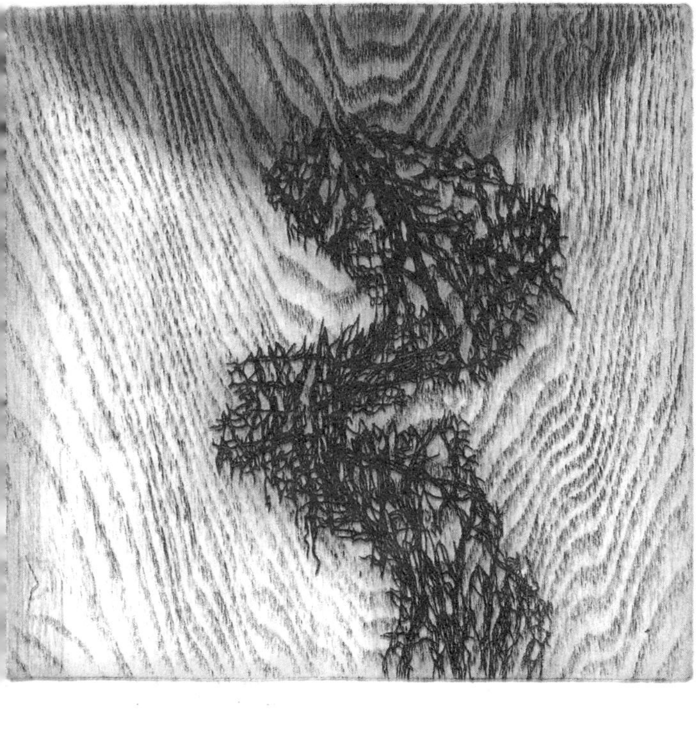

der »Wanderer-Fantasie« begonnen haben, damals in meiner Vaterstadt.

Es gab für mich eine Zeit, da war ich wie besessen von Ihrer »Winterreise«, immer wieder habe ich nach den Noten gegriffen, den Schallplatten, irgendwo in meinem Inneren hatten sich die Lieder festgesetzt, einen ganzen Winter lang habe ich mit ihnen gelebt, mit meinem ganzen Wesen bin ich auf sie eingegangen, sie haben mich in Depressionen gestürzt, bis an den Rand der Verzweiflung getrieben, in einigen Liedern ist ja schon der halbe Tod, fünf Eiszapfen an jeder Hand. Wie aber soll ein Mensch so etwas überstehen, diese »unbarmherzige Schenke, diese Straße, die noch keiner ging zurück«? Heute weiß ich, daß man über diese »Winterreise« hinausgehen muß, sie hat viel zuviel Schweres, Unüberwindbares, das den Menschen zu Boden werfen kann. Eines Tages aber wurde mir bewußt, daß es auch in der Musik Werke gibt, wo man als Hörer gewissermaßen gegen den Strom schwimmen muß.

Dichtung hat es mit der Austreibung des Menschen aus dem Paradies zu tun. Das Wort ist Fleisch, Dichtung ist Menschwerdung, durch das Wort wird das Leben greifbarer, aber auch verwundbarer. Und die Musik? Ich erinnere mich an eine Predigt von Meister Eckhart: »... das Gehör stehe höher als das Gesicht, denn man lernt Weisheit mehr durchs Gehör als durch das Gesicht ...«

Es ist gut, daß ich Ihnen auf dem Hög, in der Stille einer Finnhütte noch einmal begegnet bin. Ich weiß nicht, wieviel Türen ich in meinem Leben schon geöffnet habe, in der Hoffnung, ein Zuhause zu finden. Die Jahre in Thüringen waren für mich voll von einem bitteren Gefühl des Fremdseins, ich rettete mich auf die Insel Hiddensee, nach Kochberg, mein Gleichgewicht war immer nur äußerlich, ich hätte nie gedacht, daß ich eines Tages in Ihrem Streichquintett in C eine neue Heimat finden würde …

Ich sitze unter der Lampe und lese die Biographie eines Musikers.

12. Oktober

MEIN Sohn kam heute früh mit dem Bus, er muß um die Mittagszeit zurück nach Suhl, über hundert Kälber müssen in der LPG »Roter Stern« noch geimpft werden.

Wir sitzen am Frühstückstisch. Er erzählt von seiner Fahrt durch die Bundesrepublik, sieben Tage lang war er bei seiner Mutter in Köln, zu ihrem sechzigsten Geburtstag. Ich bin bestürzt, wie wenig mich das alles interessiert, mir ist, als berichtete er von einer Fremden. Ich weiß, daß sie die Mutter meiner beiden Kinder ist, doch ich erinnere mich kaum noch an ihr Gesicht, mehr als fünfundzwanzig Jahre liegen dazwischen.

Auf der Rückreise hat er seine Patentante besucht, sie hat ihm eine Meerschaumpfeife geschenkt. Er öffnet das Etui, nimmt das Mundstück zwischen die Zähne, versucht, ob es genügend Zug hat, holt den Tabaksbeutel aus der Tasche und stopft sich bedächtig die Pfeife. Für den Pfeifenraucher scheint jeder Handgriff eine heilige Handlung zu sein. Wir wechseln das Thema.

Der Sohn erzählt von einem Vortrag an der Volkshochschule in Köln über Sheldrakes »Theorie der morphogenetischen Felder«, seine Halbschwester ist Biologin, sie hat ihn auf den Vortrag aufmerksam gemacht. Diese Theorie hätte in den letzten Jahren unter den englisch-sprachigen Naturwissenschaftlern eine heftige Kontroverse ausgelöst.

Nein, von dieser Theorie habe ich noch nichts gehört.

Der Sohn steht auf und holt sich aus seiner Umhängetasche ein blaues Schreibheft. Ich habe wesentliche Teile des Vortrages mitstenographiert, sagt er zu mir.

Sheldrake ist Biologe, war Dozent am Clare College, Cambridge. Er behauptet, daß unser Leben Qualitäten enthält, Faktoren, die von den Naturwissenschaften noch nicht erkannt worden sind, daß neben den genetisch bedingten Ursachen, die heute fast ausschließlich auf physikochemische Weise gedeutet werden, der gesamten Formenwelt in der belebten wie auch unbelebten Natur, aber auch jedem Verhalten unsichtbare Matrizen, er nennt sie »transzendente morphogenetische Felder« zugrunde liegen. Diese Felder, obwohl sie frei von Materie und Energie sein sollen, sind für die Organisation und die Form materieller Systeme verantwortlich, steuern die ganze belebte und unbelebte Schöpfung, wirken über Zeit und Raum hinweg, sie können sich aber auch verändern, wenn sich eine biologische Gattung, zum Beispiel die Ratte, ein neues Verhalten aneignet, die morphische Resonanz beeinflußt dann die ganze Gattung, ganz gleich, wo die Tiere leben, in Asien, Europa oder Amerika. Wenn diese Theorie zutrifft, steht die Naturwissenschaft an einer Wegscheide, dann wurden entscheidende Impulse unseres Lebens von den Wissenschaften einseitig interpretiert.

Eine überraschende Hypothese, sage ich zu meinem Sohn, eine Theorie, die weit über den faßbaren biologischen Kern des Lebens hinausgeht. Nach dieser Theorie wäre das Leben nicht nur ein Resultat der Organismen, die Tätigkeit der Organismen wäre unter anderem auch ein Ergebnis der morphogenetischen Felder. Das morphogenetische Feld, das Gedächtnis der Natur?

Ich habe auf der Rückfahrt die halbe Nacht über diese Felder nachgedacht, war wie besessen von dieser Theorie, ich erinnerte mich dabei an ein physikalisches Phänomen: lege ich ein Tonband mit Mozarts »Zauberflöte« unter ein Mikroskop, werde ich selbst mit dem stärksten Mikroskop keinen einzigen Ton nachweisen können, vergebens werde ich nach der Arie der »Königin der Nacht« suchen, nichts werde ich wahrnehmen, keinen Papageno, keine Papagena. Ein elektromagnetischer Zustand ist unter einem Mikroskop raumzeitlich nicht faßbar, und doch ist auf dem Tonband eine ganze Oper aufgezeichnet, abspielbar. Warum sollte auf einer höheren Seinsebene nicht etwas Ähnliches möglich sein? Vielleicht werden schon bei der Zeugung eines Menschen nicht nur bestimmte Engramme, sondern auch ganze Ideenbilder durch die morphogenetischen Felder weitergegeben, auf die Kernschleife übertragen.

Wenn sich in einem Atom, auf kleinstem Raum, ganze Welten bewegen, dann könnte doch auch das Schicksal eines Menschen wie eine Partitur auf die Kernschleife übertragen werden. Wir wissen doch längst, daß unsere Erde nur ein Sonderfall möglicher Welten ist, daß wir alle, ob wir wollen oder nicht, in Grenzsituationen zu Hause sind, in unserem Leben schwingt ein Unterton mit, den wir nur schwer orten können.

Der Sohn stopft sich von neuem die Pfeife, zündet sie an. Nach einer Weile sagt er: Vater, wenn es die morphogenetischen Felder wirklich gibt, Felder, die sich auf Grund unseres Lebens verändern, die alles in sich aufnehmen, aufzeichnen, dann müßte doch auch unser Leben, selbst dann, wenn wir lange schon tot sind, auf diesen Feldern nachweisbar sein. Wer weiß, vielleicht wird Sheldrakes Theorie zu einer Schlüsseltheorie, vielleicht endet sie in einer Sackgasse als metaphysische Hypothese.

Das Wort Metaphysik ist bei vielen Menschen in Verruf geraten. Ich erinnere dich an ein Wort von Goethe: »Man kann in den Naturwissenschaften über manche Probleme nicht gehörig sprechen, wenn man die Metaphysik nicht zu Hilfe ruft; aber nicht jene Schul- und Wortweisheit: es ist dasjenige, was vor und nach der Physik war, ist und sein wird.« Glaub mir, es gibt so manches zwischen Himmel und Erde, von dem sich die alte Schulweisheit, aber auch unser 20. Jahrhundert, nichts hat träumen lassen.

Der Sohn blickt auf die Uhr. Ich weiß, in einer halben Stunde fährt der Bus. Und draußen regnet es noch immer.

Nachtrag

»Erkenntnis ist Resonanz«, schreibt Wilhelm Troll in seiner Einleitung zu Goethes »Morphologische Schriften«.

14. Oktober

REGENTAGE. Man sieht, wie die Zeit das Grün überholt, wie das Laub an den Bäumen in den kalten Nächten gelb wird. Das Tambacher Jahr ist fast schon wieder zu Ende.

Ich sehe Robert im Dunst des Regens auf die Finnhütte zukommen. Er geht quer über die Wiese. Ich gehe in die Küche und setze Teewasser an.

Ein unwirtliches Wetter, sage ich, als Robert eintritt. Er läßt sich mit voller Wucht in den Sessel fallen, als wollte er den ganzen Abend nicht mehr aufstehn.

Trinkst du eine Tasse Tee?

Ich habe wenig Zeit, ich muß um siebzehn Uhr beim Zahnarzt sein.

Ich überbrühe ein Kännchen Tee, er ist stark, der Rum würzig. – Was treibt dich bei einem solchen Wetter hinaus auf den Hög?

Ich war heute vormittag in Erfurt, auf der Krämerbrücke, ich habe mir im Antiquitätenladen eine alte Porzellanpfeife und eine Tabaksdose gekauft.

Laß sehen.

Robert öffnet die Schachtel. Ich nehme die Pfeife in die Hand. Auf dem Porzellankopf sind mit kräftigen Farben ein paar Feldblumen eingebrannt, Kornblumen und Margeriten. Auf der Tabaksdose ist eine junge Gärtnerin zu sehen, wenn mich nicht alles täuscht, nach einem alten neapolitanischen Modell aus dem achtzehnten Jahrhundert.

Berliner Porzellan, sagt Robert. Die Farben werden auf das fertig gebrannte und schon glasierte Porzellan aufgetragen und in einer Muffel bei neunhundert Grad gebrannt.

Zwei sehenswerte Stücke, laß dir gratulieren.

Es tut mir leid, Johannes, ich muß gehen, Zahnärzte warten nicht. Ich wollte dir die beiden Stücke im Vorbeigehen nur einmal zeigen.

Ich begleite Robert bis an die Tür. Auf der Terrasse bleibt er noch einmal stehen, greift in die Tasche: Damit ich es nicht vergesse, die Notate.

Ich sehe, wie er über die Wiese zurückgeht. Der Regen hält immer noch an.

Den ganzen Abend höre ich hinaus auf den Regen. Hinter den Nebelwänden verschwindet der Wald.

DER Hafer ist längst in die Stoppeln gegangen, die Haselnüsse an den Büschen werden braun, von den Dächern steigt Rauch in den Himmel.

Es ist tief im Herbst. Die Preiselbeere leuchtet rot aus dem Moos, auf den Bergwiesen zeigen sich die ersten Nebel. Am Abend kommen die Glokkentöne von Tambach den Hög herauf. Wenn die Glocke aufhört zu läuten, ist die Luft wieder leer, und auf den Wiesen liegt nichts als das steigende Licht des Mondes.

Aus den Notaten eines Intarsienschneiders:

»Das ethisch-handwerkliche Meistertum, die Arbeit als Lebenssymbol stirbt langsam aus.

Wir müssen achtgeben, daß unser Land nicht zur Tenne wird, wo man nur noch das Getreide drischt.

Wir beschleunigen heute viel zu schnell, bereits in der Schule, in der Unterstufe, fängt die Beschleunigung an; eines Tages werden uns die Bremsen versagen.

Der Geigerzähler wird in Zukunft das Thermometer ergänzen, er wird für den täglichen Wetterbericht unentbehrlich sein.

Eines Tages greifen auch die Toten nach unserem Herzen.«

26. Oktober

AUFSTEHN, Feuer machen. Im Oktober genügt noch das Holz der Fichte, sechs Wochen später, im Dezember, muß man nach den Wurzelstöcken greifen.

Der Spätherbst ist für mich die schönste Jahreszeit, sie fordert keinen Widerspruch heraus, jeder weiß, daß das Jahr zu Ende geht, wenn man vom Frühling spricht, vom Sommer, setzt man immer noch etwas voraus.

In den Oktobernächten kommt es über das Gebirge herauf. Du liegst auf dem Bett und wartest, du kannst diese Stille kaum noch ertragen, lautlos schiebt sich das Unsichtbare auf dich zu, jetzt müßte etwas geschehen, ein Steinwurf ans Fenster, ein Schrei, der den Spiegel zerschlägt, aber nichts geschieht, nur das leise Schlurfen des Windes vor der Tür.

In den Nächten ist die Stille auf dem Hög so groß, daß man das Kreisen der Sterne hört.

1. November

ALLERHEILIGEN, Allerseelen. Die Toten schlafen nicht, ich blättere zurück.

Warum bin ich als Kind so gern auf dem Friedhof meiner Vaterstadt spazierengegangen, auf dem Acker der Toten, wie man bei uns zu Hause gesagt hat? Es war nicht nur die Stille, die mich lockte, für mich war der Totenacker die gerechteste Stätte auf der Welt: der Himmel war hier das Dach, die Sonne der Altar, und der Wind, der durch die Bäume ging, glich einem Orgelton.

Ich habe mich als Kind wiederholt gefragt, warum auf den Grabsteinen so oft dieselben Namen stehen: Jahn, Schubert, Fietz, Schindler, Tandler. Waren die Schuberts, die Tandlers, die Schindlers alle miteinander verwandt? Es gab aber auch Namen, die standen da, verlassen und einsam, sie waren die letzten eines großen Geschlechts: Graf Arco, Geheimrat Kulka, von Dittersdorf.

Zu Allerheiligen, wenn die Novembernebel kamen, ging ich mit meiner Mutter zwischen den Gräbern auf und ab. Die Nebelschwaden machten die brennenden Kerzen auf den Gräbern größer, jede Flamme hatte einen goldenen Schein. Das ist die Seele der Toten, sagte meine Mutter und zog mich fester an sich.

Der unheimlichste Ort auf dem Friedhof war nicht die Selbstmörderecke, wo die Toten in ungeweihter Erde begraben wurden, es war die kleine Kapelle am Friedhofseingang. Wie oft sah ich als Knabe, wenn ich aus der Schule kam, unter dem Altar einen offenen Sarg stehen. Mein Herz hämmerte. Eines Tages erzählte man sich, ein kleiner Junge sei in den offenen Sarg geklettert und habe mit seiner toten Mutter gespielt.

Fünf Jahre mag es her sein, als ich an einem sonnigen Herbsttag noch einmal über den Friedhof

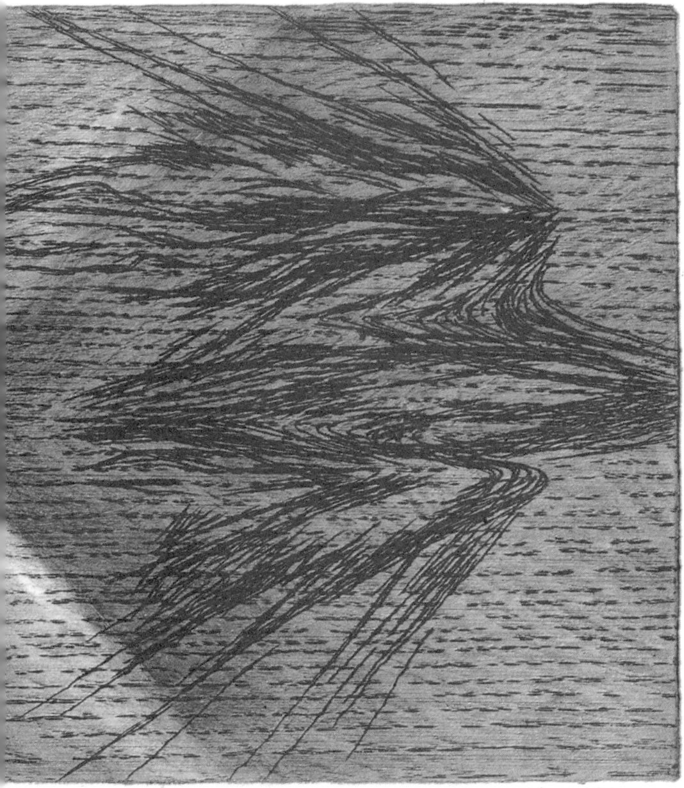

meiner Vaterstadt ging. Er liegt immer noch neben dem Stadtpark, den Grünanlagen, eine unscheinbare Mauer schließt ihn nach außen hin ab.

Die alten Namen auf den Grabsteinen hatte man längst abgeschliffen, die Geschichte hatte sie ausradiert, ich las Namen wie Přihoda, Beneš, Havelkar, Svoboda. Die Vergangenheit ist oft wie eine Krankheit und das Fieber, das uns schüttelt, die Geschichte.

Ich ging an den kleinen mit Efeu bewachsenen Gräbern vorbei. Da und dort hatte man die Fotografien der verstorbenen Kinder an den Grabsteinen angebracht, ein Stück weiter waren neue Hügel aufgeworfen, die frische Erde war mit Kränzen und Blumen zugedeckt. An der Westmauer ging ich entlang, vorbei an den Gräbern der Fabrikanten. Sie liegen allein, abseits von den anderen, selbst noch im Tod sind diese Toten unter sich geblieben. »Leicht sei dir die Erde«, so hat man früher gesagt, doch die Särge der Fabrikanten wurden nicht mit Erde zugeschaufelt, sie stehen in einer ausgemauerten Gruft, unter einer Marmorplatte. Hier ist alles aus Labradorit, schwedischem Granit, geschmiedetem Eisen, hier gibt es keine Gärtnerarbeiten, hier sind selbst noch die Kränze, die Blumen aus Stein. Auf den gewaltigen Deckplatten die Namen: Familie Chlupacek, Fabrikant Larisch, Familie Kandler. Hier gibt es Steinmetzarbeiten, an denen keiner vorübergehen kann, hier muß man ganz einfach stehenbleiben und sehen. Es sind solide handwerkliche Arbeiten, keine Meisterwerke, manchmal etwas preziös, befangen in Vorbildern. Wer die alten italienischen Friedhöfe in der Toskana kennt, weiß, woher diese Plastiken kommen. Unter den Marmorplatten stehen die Särge aus Eichenholz, aus Zinn oder Eisen. Was hat die Fabrikanten nur getrieben, sich in solchen Särgen zur Ruhe zu legen, hatten sie Angst vor der Auferstehung?

Ein Stück weiter waagrecht liegende Steinplatten, Grabsteine ohne Sentiment, Namen und Datum, man weiß, alles, was darüber hinausgeht, zählt nicht. Es gibt aber auch Gräber, die liegen da wie eine Krankheit, mit der der Mensch nicht fertig geworden ist. In meiner Kindheit gab es noch das Reihengrab, das Armengrab, aber das ist lange her.

Der Tod ist auf den Friedhöfen das Gegebene, er bindet, er trennt nicht, er gleicht der Weltenurne, in der die Jahrtausende ihre Aschenkegel häufen. Da und dort wächst auf den Gräbern ein Rosenstock, ein Dornbusch; man muß stehenbleiben und warten, bis er brennt ...

Wenn die Jahre die letzten Wellen an uns herantragen, dann müssen wir hinausfahren, dann können wir nicht mehr am Strand entlanggehen und so tun, als wäre die Erde die Ewigkeit selbst.

6. November

EIN schmutziggraues Laken hat der November über den Himmel gezogen, es tropft von den Fichten, den Birkenskeletten, die Gräser vor dem Fenster sind fahl, selbst der Bussard, der über der Siedlung kreist, scheint sich des Fluges nicht mehr zu freuen, er stößt einen mißmutigen Katzenschrei aus und streicht davon. Es ist eine Landschaft, die sich nichts mehr zutraut, ohne Farbe, ohne Form, eine Landschaft, die sich selbst negiert.

Lektüre über das Plancksche Wirkungsquantum »h«, über Quantensprünge und Elektronenspin. Unvorstellbar die Sensibilität des Elektrons, nicht feststellbar sein Ort, oder wie Planck schreibt: »Es hat sich der Schar seiner Brüder zugesellt, die voneinander nicht unterscheidbar sind, so daß man nicht sagen kann, irgendeines von ihnen sei jenes, das dem Experiment gedient hat.«

Das Plancksche Wirkungsquantum hat sich als universelles Maß erwiesen, als ein Wirkungsgesetz, das unser Weltall bis in die entferntesten Galaxien regiert.

Quantenphysik, Kernspaltung, Genforschung, vielleicht sind das alles nur Masken, hinter denen sich das wahre Gesicht der Schöpfung immer noch verbirgt. Möglich, daß die Wissenschaft eines Tages eine neue Konstante entdeckt, die im Hinblick auf ihren Rang gleichbedeutend mit der Lichtgeschwindigkeit ist, dem Planckschen Wirkungsquantum …

Daß der Mensch das Zeitlose denken kann, ist das nicht schon ein Zeichen dafür, daß es das Zeitlose gibt?

Vor dem Schlafengehen werfe ich einen Wurzelstock in die Glut.

9. November

KEINE Sonnenblicke, Wolkenhaufen ziehen seit Tagen über den Hög. Die Weißdornhecken stehen schwarz und kahl, wenn der Wind kommt, fängt es in den Ästen an zu pfeifen.

Es ist zwölf Uhr. Ich habe mich mit Robert zum Mittagessen verabredet, gehe hinunter in den Ort, klopfe an seine Tür, eine Hortnerin öffnet. Mein Freund sitzt in der Werkstatt inmitten von Kindern und erzählt.

Ich habe in letzter Zeit wiederholt erlebt, wie Robert den Schulkindern eine Stunde lang von seiner täglichen Arbeit berichtet. Da werden die Arbeitsvorgänge beschrieben, Furniere beim Namen genannt, die Kinder dürfen die Hölzer anfassen, können an ihnen riechen, sie werden nach ihrer Meinung gefragt, Robert weiß, daß man auch an einem Kind nicht vorbeireden darf. Er spricht von den Bäumen, den tropischen Urwäldern in Afrika und Asien, er zeigt ihnen das rötlichbraune Holz der Rotbuche, eine Walnußplatte mit violettem Einschlag. Jedes Holz hat seine eigene Geschichte. Er erzählt den Kindern aber auch die Sage von dem wandelnden Wald, vom Erlkönig und seinen Töchtern, die in den Zweigen der Erle ein Zuhause haben, wie der Maulbeerbaum von China nach Europa kam, die süße Kirsche von Italien nach Deutschland.

Robert ist ein ausgezeichneter Märchenerzähler, die Kinder fühlen sich in seiner Werkstatt wohl, wenn sie bei ihm anklopfen, sich still verhalten, können sie bleiben, solange sie wollen.

In einer Stunde komme ich wieder, sage ich zu Robert und ziehe die Tür hinter mir lautlos ins Schloß.

14. November

NOVEMBERNEBEL. Nichts tut sich vor dem Fenster auf, keine Berge, keine Wälder, nicht einmal ein Baum, ein Strauch, was ich sehe, ist Nebel, ein unfaßbar dräuender Nebel, der sich kaum bewegt, der einfach daliegt und alles in sich aufsaugt.

Wer hätte gedacht, daß nach dem »Leiermann« noch ein solches Quintett auf die Niederschrift wartet. Zweiundzwanzig Jahre nach seinem Tod hat man es entdeckt.

Mit dem Streichquintett in C-Dur hat Schubert den Gipfel seiner Kammermusik erreicht, die Aussicht ist durch keine Höhenzüge mehr verstellt, wie vom Kamm eines Gebirges blickt man zurück und zugleich hinaus, eine Fernsicht, die weit über den sichtbaren Horizont hinausgeht. Dieses Werk ist mit Worten nicht zu beschreiben, seine vier Sätze stehen für etwas anderes, Musik war ja schon immer die Annäherung an eine Welt, die weder meßbar noch zählbar ist.

Schubert stellt den beiden Violinen und dem Cello kein Bratschenpaar gegenüber, wie es bei Mozart oder Beethoven üblich war, er verdoppelt das Violoncello.

Der erste Satz beginnt mit einem reinen C-Dur-Akkord, der ganz verhalten anfängt, bedrohlich anschwillt und plötzlich, als sich das Ohr schon ganz an das Crescendo gewöhnt hat, in eine schroffe Dissonanz umschlägt. Das langsame Ausspinnen des Tones, gleicht es nicht einer dramatischen Einleitung, die die künftige Auseinandersetzung andeutet? Das Spiel der Töne kann nun beginnen, ganze Klangregister werden gegeneinander ausgespielt, immer energischer wird der Bogenstrich, dynamischer der Ton, neue Klänge kommen auf uns zu, Melodien, Figurationen, terzverwandte Dreiklangbeziehungen und dazwischen immer wieder diese Schubertschen Kantilenen, über dem gezupften Bratschenbaß eine Melodie, bei der man den Atem anhält. Das Thema wandelt sich, verliert sich, taucht plötzlich in anderen Tönen wieder auf, alles treibt auf eine offene Auseinandersetzung zu. Wie bei einem Springbrunnen die Wassertropfen, so blitzt es in den Achteln der Violinstimme auf, und plötzlich, wie aus einem weiten offenen Himmel, eine fragende Septime …

Der ganze Satz lebt von einer suggestiven Kraft, von Intuitionen, die sich jeder wissenschaftlichen Analyse entziehen. Ein solches Werk kann mit Worten immer nur umschrieben werden, vergebens wird man versuchen, die Schale aufzubrechen, um an den Kern heranzukommen. Es ist für mich unbegreiflich, daß man dieses Quintett mit seiner angeblichen »impressionistischen Klangzerstäubung« jahrzehntelang als »romantisch schlechthin« bezeichnet hat.

Der Nebel vor dem Fenster hält die Geräusche der Welt von mir ab, die Finnhütte ist wie in Watte gepackt.

Der langsame Satz, ein Adagio, ein Gesang in E-Dur, ist von einer Daseinstiefe, als wäre unser Leben aus der Zeit herausgetreten.

Die Töne dunkel, hell, die Welt, ein Ringen zwischen Licht und Finsternis. Plötzlich das Pizzikato der Celli, dieses unheimliche Klopfen zwischen den Melodien. Vielleicht ist es das eigene Gewissen, das wir zugemauert haben, oder sind es Klopfzeichen, die von weit her auf uns zukommen? Nach dem schroffen Unisono-Triller werden die Töne kräftiger, neue Klangbilder stürzen auf uns ein.

Ich schließe die Augen, hinter den geschlossenen Lidern kommt ein Leuchten auf mich zu, eine Erleuchtung durch den Ton. Ich möchte in dieses Licht hineingehen, in diese endgültige Wirklichkeit. Es ist nicht das »klare Licht der großen Leere«, es ist, als wäre dieses Leuchten der Logos selbst. Und plötzlich dieser Sturz zurück in die schmerzvoll süße Melodie der Erde …

Ich weiß, daß die Art und Weise meines Hörens äußerst eigenwillig ist. Habe ich nicht schon vor Jahren in »Swantow« geschrieben: das Streichquintett in C, eine Bergpredigt in Noten. Für mich ist dieser zweite Satz nicht nur ein E-Dur, ein f-Moll, dieser Satz lebt von einer Spiritualität, von einer johanneischen Offenbarung. Ich beginne zu begreifen, was es eigentlich heißt, sich von den Dingen zu befreien, die uns ein Leben lang wie ein Klotz am Bein hängen. Bei diesem Adagio wird mir bewußt, daß der Weg Marias immer auch den Weg Marthas mit einschließt, daß der Mensch selbst aus dem siebenten Himmel der Musik herabsteigen muß, um seinem Bruder, wie Meister Eckhart sagt, einen Becher Wasser zu bringen.

Ich weiß, solange wir Menschen sind, müssen wir auf dieser Erde etwas tun, müssen handeln, tätig sein, wir sind keine Cherubinen, denen es genügt, zu sein.

Man darf nichts ungetan lassen, wenn es um den Menschen geht, auch hier ist Wegscheide.

Der Nebel vor dem Fenster kommt in Bewegung. Auf der Blautanne hat eine Kohlmeise Platz genommen, plustert sich auf. Ob mich der Vogel durch die Fensterscheibe sieht?

Die beiden letzten Sätze sind von einer handfesten Sinnlichkeit. Da ist ein Scherzo, ein stürmisches C-Dur. Die Violinstimme schwingt sich auf, gewinnt an Höhe, die Celli treten zurück, eine Heiterkeit, eine Lebensfreude, und das alles von einer harmonischen Kühnheit, die weit über das neunzehnte Jahrhundert hinausgeht. Kurz und bündig werden die Töne hingesetzt, eine Tonart löst die andere ab: As-Dur, Es-Dur, C-Dur. Und plötzlich dieses Andante sostenuto, dieses Ausruhn in Des-Dur. Das Cello nimmt die Melodie der Geige auf, ein fast schon gespenstischer Hintergrund, die Töne bleiben in der Schwebe, ein klopfender Rhythmus auf g leitet die Wiederkehr des Scherzos ein.

Der letzte Satz ist ein Finale-Allegretto, ein Più allegro, Più presto, eine Vox populi. Dieser Satz hat etwas Burschikoses, Hemdsärmeliges. Akkorde werden in Wechselnoten aufgelöst, kleine Terzschritte, Tanzschritte, ein schwebender Tanz auf dem düsteren Hintergrund der Celli. Ich frage mich: Sind wir nicht selbst das Cello, die Geige, die Bratsche, auf der ein unsichtbarer Streicher spielt?

Die letzten beiden Sätze sind wie eine Brücke, die mich zurückführt ins Leben. Es ist eine Musik, die mich wachhält, die den Tag wieder zum Tag macht, die mich das Tanzen lehrt, den Armen die Kraft gibt, Bäume zu fällen, Wurzeln zu roden, die Fremdheit des Lebens ist aufgehoben.

Ich finde mich in der Finnhütte wieder. Vor dem Fenster ist es heller geworden, der Nebel hat sich aufgelöst. Nein, es ist kein neuer Himmel über der Erde, aber da ist ein Erhelltsein, das der Erde ein freundlicheres Antlitz gibt.

Nachtrag

Mit dem Streichquintett in C hat Schubert seinen Leib dem Feuer übergeben.

Wäre Schubert sechzig oder siebzig Jahre alt geworden, seine Notenblätter wären leer geblieben, er hätte sein Alterswerk mit unsichtbaren Noten schreiben müssen.

16. November

IN den Vormittagsstunden Lektüre: Meister Eckharts Schriften und Predigten.

Auch in ihm war der Drang, den Krug zu zerschlagen, waren Zonen des Unsagbaren, war Niemandsland. »Die Seele kann nichts über sich ertragen, nicht einmal Gott«, ist das nicht schon die Stimme eines Ketzers, eines Unruhestifters, liegen nicht hier schon die Sprengsätze für eine metaphysische Revolte, für die Selbstanbetung des Menschen, für eine Welt, die erst Jahrhunderte später über Europa hereingebrochen ist?

Es gibt bei Eckhart aber auch Metaphern, die bis an die Grenze menschlicher Fassungskraft gehen. Da ist zum Beispiel Gott, der unter ein menschliches Schicksal gerät. Werden nicht hier schon die weißen Flecke in unserem Bewußtsein anvisiert? Vielleicht hat er geahnt, daß die Erde nur eine Studie ist, ein Entwurf, den der Mensch selbst vollenden muß. »Gott um Gottes willen ledig sein«, und doch hat er die Ganzheit Gottes in all seiner Herrlichkeit immer wieder gepriesen.

Die Literatur der Zukunft wird nicht nur den gesellschaftlichen, sie wird auch den metaphysischen Standort des Menschen, »das Urbild hinter dem Abbild, das Wesen hinter der Erscheinung«, umschreiben müssen.

19. November

ICH hätte fast vergessen, daß heute, am 19. November, vor mehr als hundertfünfzig Jahren, Franz Schubert in der Kettenbrückengasse Nr. 6 verstorben ist.

»Gestern Mittwoch Nachmittag um 3 Uhr entschlummerte zu einem besseren Leben mein innig-geliebter Sohn Franz Schubert, Tonkünstler und Compositeur, nach einer kurzen Krankheit und nach dem Empfang der heiligen Sterbesacramente im 32. Jahre seines Alters.

Zugleich habe ich und meine Familie unseren verehrlichen Freunden hiermit anzuzeigen, daß der Leichnam des Verblichenen Freitag, den 21. d. M. Nachmittags um halb 3 vor dem Haus Nr. 694 auf der Neu-Wieden in der neuerbauten Gasse nächst dem sogenannten Bischof-Stadel in der Pfarrkirche zum heiligen Josef in Margerethen getragen und daselbst eingesegnet werde.

Wien, d. 20. November 1828.

Franz Schubert
Schullehrer in Rossau«

»Der Wegweiser«: »Eine Straße muß ich gehen, die noch keiner ging zurück.« Kein Ausbruch der Gefühle, keine Emotionen, die Töne in diesem Lied werden chromatisch gegeneinander geführt. Wir aber, die Hinterbliebenen, rechnen die Jahre zusammen, zählen die Kompositionen, machen ein Deutsch-Verzeichnis, teilen ein, beurteilen, zögern, da und dort werden Abstriche gemacht, wir wissen längst, daß die kommende Generation die Streichquartette mit anderen Ohren hören wird.

Es war ihm nicht gegeben, seine Umwelt zu verändern, er wußte nicht, wie man in diesem Wien Geschäfte macht, er war glücklich über die Anerkennung der wenigen, die zu seinem Freundeskreis gehörten. Er hatte keinen Mäzen, keine Mäzeninnen, Diplomatie im Umgang mit anderen Menschen war ihm fremd, disponieren, ein Wort, unter dem er sich kaum etwas vorstellen konnte. Daß an der Wiener Musikwelt etwas nicht in Ordnung war, hat auch er lange schon gewußt, nichts hatte sich seit Mozart geändert, die Zweit- und Drittrangigen beherrschten weiterhin die Szenerie, sie wußten, was der Hof und nicht zuletzt der Klerus von den Untergebenen erwartete. Sein inneres Alleinsein hat er ein Leben lang überspielt, mit seinen Liedern übersungen. Wer weiß schon, wie er wirklich war, bei aller Geselligkeit, seine Mitteilsamkeit war gering.

Was wissen wir heute über sein Klavierspiel, über seine Technik, die Gestaltungskraft? Wer kann mir sagen, wie Schubert die Sonate in B-Dur vorgetragen hat? Was bedeutete damals für einen

Virtuosen die Bezeichnung molto moderato, andante sostenuto, scherzo, allegro ma non troppo? In welchem Tempo mag Schubert selbst die einzelnen Sätze gespielt haben? Wieweit reicht unsere Vorstellungskraft überhaupt aus, sich in einen Menschen aus dem frühen neunzehnten Jahrhundert hineinzudenken? Gewiß, es gibt Briefe, Nachrichten, Überlieferungen, was wuchert da nicht alles hoch, nährt sich von Wunschvorstellungen, wir kennen immer nur Bruchstücke, Splitter. Wo aber bleiben die einfachen Dinge seiner Umwelt, wie haben sie auf ihn gewirkt, die Landschaft, die Stadt, der Tisch, der Stuhl, die Wand? Wieweit wurden seine Sinne auch durch diese Dinge angeregt? Wo bleiben die prosaischen Handgriffe des Tages, die Menschen, die ihn auf dem Weg zur Kirche begleitet haben, von der Wohnung zu Salieri. Seine Sinne wurden von den sichtbaren wie auch den unsichtbaren Dingen des Lebens beeinflußt, doch das alles hat sich unseren Beobachtungen lange schon entzogen.

Hat Schubert die Erschütterungen, die einige Jahre später über Wien hereinbrechen sollten, vorausgeahnt, hörte er das ferne dumpfe Grollen, für das die anderen Ohren taub waren? Schubert, ein revolutionärer Geist, ein Homo politicus? Kein Zweifel, auch er litt unter Metternichs Herrschaft, der politischen Enge, kannte den Weltschmerz seiner Zeit, doch das Wienerische war auch in seinem Blut, die Leichtigkeit, die Geselligkeit, das Bekenntnis zur Gemeinschaft. In Berlin waren die Klassen in der Kultur geschieden, in Wien die

Stände in der Kultur miteinander verbunden. Selbst in den Jahren der Zensur lebte man einen unbegrenzten Individualismus, jede staatlich verordnete Denkweise hätte in dieser Stadt Schiffbruch erlitten. Bei aller Reglementierung, der Polizeistaat befand sich damals noch in Kinderschuhen. Unsere Generation sollte ganz andere Zensuren kennenlernen, ganz andere Diktaturen erleben. Kein Künstler wurde im Wiener Vormärz in ein Arbeitslager geschickt, ins Niemandsland deportiert, keiner von ihnen hat im Schützengraben gelegen und geschrieben.

Zweiunddreißig Jahre hat Schubert am Rand der Wiener Gesellschaft gelebt. Die Fragezeichen, die hinter den letzten Monaten seines Lebens stehen, werden unbeantwortet bleiben, wir sind auf Vermutungen angewiesen.

Die sogenannten letzten Worte, diese letzten Gesten, wir sollten sie vergessen, der Tod, der über den Menschen kommt, ist immer anders, als er dem Leser in den Biographien überliefert wird.

»Ohne Musik wäre das Leben ein Irrtum.« Es war Nietzsche, der diesen Satz geschrieben hat.

24. November

ROBERT legt die Zeitung aus der Hand. Keine guten Nachrichten, sagt er, als ich die Werkstatt betrete, man hat den Eindruck, die ganze Erde bebt, da werden wieder Bunker gebaut, Luftschutz-

sirenen montiert, es gibt Probealarm, Katastropheneinsätze, wer den Krieg sechs Jahre lang am eigenen Leib erlebt hat, sieht solche Dinge mit anderen Augen.

Ich kann es nicht glauben, daß wir vor einem dritten Weltkrieg stehen, ich erinnere mich an ein Wort von Mao Tse-tung: Die Atombombe ist ein Papiertiger.

Ein Papiertiger?

Wenn sich in einem Raum von zehn Quadratmetern zwei Männer mit je einer Handgranate gegenübersitzen, wird keiner von den beiden die Handgranate abziehen und werfen, weil ein jeder ganz genau weiß, daß er von seiner eigenen Granate getötet wird. Ein Atomkrieg zwischen den beiden Großmächten ist unmöglich geworden, weil ein jeder, der zuerst schießt, als zweiter stirbt, es gibt keinen Sieger mehr.

Ich setze mich auf die Ofenbank. Robert sagt: Vor ein paar Tagen hatte ich in der Handwerkskammer eine Dokumentation in der Hand, die mir die Sprache verschlug. Eine Mittelstreckenrakete mit der Sprengkraft von einer Megatonne hat eine fünfzigmal stärkere Vernichtungskraft als die Atombombe von Hiroshima, im Umkreis von drei Kilometern zwanzig Millionen Grad. Fünf Kilometer vom Explosionszentrum entfernt brennen alle Autos, sieben Kilometer entfernt alle Wohnungen, bei einer Entfernung von elf Kilometern siedet das menschliche Fleisch, bei fünfzehn Kilometern gibt es Verbrennungen zweiten Grades, bei zwanzig Kilometern schwersten Sonnenbrand, und das alles innerhalb von drei Sekunden. Siebenhunderttausend Menschen würden in einer Stadt wie Hamburg, London oder Moskau den sofortigen Tod finden. Und dann die Druckwelle. Auf einer Fläche von hundertzwanzig Quadratkilometern ist alles dem Erdboden gleichgemacht, zwanzig Kilometer vom Explosionszentrum entfernt fliegen selbst noch die Splitter der Fensterscheiben mit der Geschwindigkeit einer Gewehrkugel durch den Raum. Vierzehn Tage lang hängt der radioaktive Staub in der Luft, jeder Atemzug bringt den Tod, keine Wasserversorgung, kein Strom, keine Nahrungsmittel, der ganze Bezirk Erfurt wäre auf Jahrzehnte unbewohnbar.

Es gibt Bomben, die eine zehnfach stärkere Wirkung haben. Die Lebenszerstörung, die eine Wasserstoffbombe auslöst, ist der menschlichen Vorstellungskraft entglitten. Das wissenschaftliche Denken hat das moralische Denken der Menschen überholt, eine luziferische Situation: die Kernphysiker haben die Zerstörung des Erdballs in ihren Denkoperationen durchgespielt, keiner kann heute mehr sagen: Das haben wir nicht gewußt.

Robert schweigt.

Ich erinnere mich an Eckermanns Gespräche mit Goethe, unter dem 23. Oktober 1828 findest du folgende Eintragung: »... laß die Menschheit dauern, solange sie will, es wird ihr nie an Hindernissen fehlen, die ihr zu schaffen machen, und nie an allerlei Not, damit sie ihre Kräfte entwickele. Klüger und einsichtiger wird sie werden, aber besser, glücklicher und tatkräftiger nicht, oder doch nur auf Epochen. Ich sehe die Zeit kommen, wo Gott keine Freude mehr an ihr hat und er abermals alles zusammenschlagen muß, zu einer verjüngten Schöpfung. Ich bin gewiß, es ist alles danach angelegt und es steht in der fernen Zukunft schon Zeit und Stunde fest, wann diese Verjüngungsepoche eintritt.«

Was wir heute erleben, sagt Robert, ist der prometheische Übermut des Menschen. Wir haben das Feuer des Herdes in Sonnenprotuberanzen verwandelt, wir haben heute selbst die Mittel in der Hand, hinter unserem eigenen Denken den Schlußpunkt zu setzen, das Ende ist vorausschaubar.

Soll der Prozeß des menschlichen Erkennens wirklich in einem Selbstzerstörungsprozeß enden, soll uns der wissenschaftliche Erkenntnisdrang in den Tod führen?

Johannes, ich glaube nicht, daß der Selbstzerstörungsprozeß ein unaufhebbares Naturgesetz ist. Der militärische Wahnsinn setzt heute eine bis auf den Grund gehende sittlich-politische Erneuerung des Menschen voraus, der Mensch muß sich seiner Verantwortung gegenüber der Schöpfung bewußt werden.

Wer die militärische Zeitbombe wirklich entschärfen will, der muß die Aufgabe des Menschen viel umfassender sehen als bisher, die Denkfiguren der letzten vierzig Jahre reichen nicht mehr aus. Die Völker der Erde müssen durch Vernunft zu einem gemeinsamen Denken und Handeln kommen, das Verstandesdenken muß sich dem Vernunftdenken unterordnen. Wer heute vom Frieden spricht, muß bereit sein, auch seine eigene Aggressivität abzubauen, Frieden setzt immer auch menschliche Toleranz voraus, sei es im politischen, gesellschaftlichen wie auch im persönlichen Bereich.

Und das Mißtrauen, fragt Robert.

Wenn die Vernunft die Oberhand gewinnt, wird auch das Vertrauen wieder wachsen.

Robert steht auf, geht hinüber an das Fenster und sieht hinaus in den Hof. Nach einer Weile dreht er sich um und sagt: Weißt du, was ich mir für die letzten Jahre meines Lebens wünsche? Ein atomwaffenfreies Europa vom schottischen Hochland bis tief in die Wälder des Urals, vom nördlichen Hammerfest bis an die Südspitze Siziliens, außerdem sollte man die Milliarden, die Jahr für Jahr für die Rüstung ausgegeben werden, für soziale und ökologische Belange einsetzen. Wir benötigen heute einen Laser, der sämtliche Strahlen des menschlichen Geistes auf einen Mittelpunkt richtet, den Mittelpunkt unseres Seins.

1. Dezember

DER erste Frost ist heute nacht über das Land gegangen, der Boden ist gefroren, das Wasser in der Regentonne mit einer dünnen Eisschicht bedeckt.

Am Nachmittag Spaziergang über die Stoppelfelder. Die leere Ausdehnung der Fläche hat begonnen, es ist, als ob der Boden heimatlos geworden wäre, nur noch der Wind, und in der Ferne, am Horizont, die toten Farben des Winters.

Wenn ich den Heimweg antrete, trage ich keine Gedichte mehr mit mir nach Haus, die Zeit der Verse scheint für immer vorbei zu sein.

6. Dezember

DIE Nächte kommen und gehen, die Tage werden kürzer, die ganze Himmelskuppe ist stahlgrau. Die gläserne Stille verwandelt die Luft, sie ist von einer hellen schmerzenden Durchsichtigkeit, ohne Dunst, ohne Geruch, der weiche Moosboden hart wie Zement.

Wir spüren nicht die Wucht, mit der die Erde unter unseren Füßen sich dreht. Der Tagmond mit seiner schmalen Sichel wird gegen Westen geschleudert.

Ich kenne in Tambach keine Straße, keinen Hof, kein Bauernhaus, wo nicht die Spatzen zu Hause sind, kein Waldstück ist vor ihnen sicher, keine Scheune, kein Schober, überall haben sie sich eingenistet, Fuß gefaßt, selbst hier auf dem Hög. Auch in den Grünanlagen, wo im Sommer die Bänke für die Kurgäste stehen, sind sie anzutreffen, es gibt keinen anderen Vogel, der sich so in das Blickfeld des Menschen drängt wie der Spatz.

Spatzen stehen nicht unter Naturschutz, sie haben keinen Einzelvertrag mit dem Förster, ihre

Wohnung ist bescheiden, kein ausgehöhlter Stamm, kein Kasten am Baum, sie machen in ihrem Vogeldasein keine großen Sprünge, sie haben auch keine besonderen Ansprüche, fressen alles, was von den Tischen der Menschen fällt, sie sind die geselligsten unter den Vögeln, immer sind sie mit ihresgleichen unterwegs, es gibt keine Einzelgänger, unter einem Dutzend spielt sich bei ihnen nichts ab, der Staub auf der Straße ist gerade gut genug für das tägliche Bad, kein Sonnenbad, ein Staubbad muß es sein, sie kennen auch keine Tonleiter, sie beherrschen nicht einmal eine gewöhnliche Terz, es gibt bei ihnen keinen Anschlag, keinen Triller, kein Lied, es wird immer nur gehüpft, geschrien, geflattert, man geht schimpfend aufeinander zu, und das alles in einem ganz gewöhnlichen Straßenjargon.

Unter dem Dachfirst bauen sie sich ihr Nest, aber auch in den Bäumen, den Sträuchern, wenn sie nahe genug an den Häusern stehen. Für den Nestbau wird alles verwendet, was vor den Schnabel kommt: Kehricht, Stroh, Papier, ausgekämmte Katzenhaare, jede einzelne Feder wird von der Straße aufgelesen. Mit ihren Nestern ist es ähnlich wie mit unseren Häusern, sie überdauern Generationen. Ein Spatzenpaar baut nicht für sich allein, im wechselnden Kommen und Gehen werden die Brutplätze weitergereicht, immer wieder wird von einem leeren Nest Besitz ergriffen. Sie leben an der Seite der Menschen, im Schatten unserer Arbeit sind sie zu Haus, selbst in den riesigen Bahnhofshallen haben sie sich niedergelassen, sie teilen mit uns den Staub, den Ruß, sie kennen aber auch den Rauch aus den Schornsteinen genauso gut wie wir, sie scheinen, wie ihre schwarzen Vettern, die Krähen, gegen Schwefeldioxid nicht allzu empfindlich zu sein. Nimm einen Spatz in die Hand, in seinem Federkleid kein Windgeruch, keine Distelsamen, es ist, als hättest du vor deinem Haus in einen Aschenkübel gegriffen.

Wir nehmen die Spatzen in unserem Leben kaum noch wahr, wir steigen gedankenlos über sie hinweg. Sie haben keine nennenswerten Kennzeichen, keine rote Kehle, kein grünes Federkleid, und dennoch haben sie ein ganz besonderes Merkmal: sie sind lebenstüchtig wie kaum ein anderer Vogel. So schnell kommt ein Spatz nicht unter die Räder, ja selbst für meine Freundin, die Katze, ist er viel zu pfiffig, und da er nie allein ist, hat er hundert Augen. Ein Spatzenherz schlägt zehnmal schneller als unser eigenes, achthundertmal in der Minute. Für mich ist der Spatz der Kumpel unter den Vögeln, der Proletarier, er kennt das Leben besser als die Nachtigall, die Amsel.

Nicht nur der Falke, der Adler, der Schwan, auch die Spatzen sind Vermittler zwischen Himmel und Erde, sie haben einst dem schwedischen König Dag die Nachrichten aus aller Welt überbracht, und die Bergbauern in meiner Heimat haben Tag für Tag auf die Laute der Spatzen gehört, sie wußten, ob das Wetter umschlägt oder nicht. Und doch ist um diesen grauen unscheinbaren Vogel noch etwas anderes, in der Dämmerung kann man es ganz genau sehen, da ist ein Lichtkleid, ganz schwach. Vielleicht ist es das Licht, das zur Adventszeit durch das Weltall auf die Erde fällt.

Meine Spatzen, ich würde von eurer Heiterkeit gern etwas mitnehmen für die Stunden des Schreibens. Ich hoffe, daß ihr eines Tages auch auf meinen Knien sitzen werdet, wenn ich ein Buch in die Hand nehme und lese.

Meine Bitte: Schenkt mir etwas von eurer Zutraulichkeit, die ihr dem Leben auch heute noch entgegenbringt.

Ich weiß nicht mehr, wann und wo ich den Satz einmal gelesen habe: »Wenn ich einen Vogel töte, töte ich eine in sich abgeschlossene Zeit.«

9. Dezember

KÄLTEEINBRUCH. Ich kann das Haus ohne gefütterte Kutte nicht mehr verlassen, von weit her treibt der Wind die welken Blätter über die Terrasse.

Der Sturm rüttelt an der Tür. Ich warte, ob er die Klinke niederdrückt und eintritt.

Ein grauer Morgen, ich gehe hinaus in den Garten. Es ist still, als wäre der Tag noch nicht erwacht, der Nebel hockt zwischen den Büschen, hängt in den Bäumen, der Bergwind riecht nach Schnee.

An der Vorderseite des Hauses, wo die Nieswurz zu einem großen Klumpen zusammengewachsen ist, traue ich kaum meinen Augen. Zwischen den Steinbrocken, umgeben von derben wintergrünen Blättern, leuchten auf einem dicken fleischigen Schaft die Sterne der Christrose. Die Blüten sitzen einzeln, sind weiß, einige von ihnen zartrosa angelaufen. Ich sehe, wie schwer es für den kräftigen Stengel sein muß, in einer solchen Jahreszeit Blütensterne hervorzutreiben.

Wenn du in den Bergen eine wilde Christrose ausgräbst, sagte vor vielen Jahren meine Großmutter, dann mußt du einen Kreis um sie ziehen, du mußt dich gegen Morgen stellen und drei Vaterunser beten, kein Raubvogel darf sich dir zeigen, kein Bussard, kein Habicht, sonst stirbst du noch im selben Jahr. Vergiß nicht, es ist die Rose unseres Herrn, sie hat bei seiner Geburt unweit des Stalles geblüht.

10. Dezember

DAS Wort »Ich bin« ist unabhängig von der Aussage, den Meinungen anderer Menschen, unabhängig von Messungen, Berechnungen und Urteilen. Dieses »Ich« kann nicht beschrieben werden, obwohl das ganze Leben eines Menschen in ihm enthalten ist, wie die Kunst im Werk eines Meisters. Wenn Luther sagt: »Hier stehe ich, ich kann nicht anders«, so war es sein »Ich«, das diesen Satz gesprochen hat, nicht nur der Verstand.

Auch am Lebensabend, wenn die Gedanken freier werden, wachsam bleiben, sich von Kompaß und

Nadel nicht betrügen lassen, keine geistigen Einschränkungen hinnehmen, nicht nur die Welt, auch das Grenzenlose an den Menschen heranführen, Gründe sprechen dafür, daß der Steuermann deines Schiffes, das Ich, als letzter von Bord geht, wenn das Herz aufgehört hat zu schlagen.

Es gibt im Leben einen Anfang und ein Ende, das wissen wir alle, wenn wir eines Tages aber herausfinden, daß unser Ende auf eine unsichtbare Weise mit einem neuen Anfang verbunden ist, was dann?

In der »Bhagavadgita« lese ich den Satz: »Wer in der großen Evolution der Welt nicht mitwirkt, bleibt zurück.«

12. Dezember

VOM Osten her treibt der Wind einen eisigen Regen ins Land, es beginnt zu frieren, das Thermometer zeigt fünf Grad unter Null. Die kahlen Zweige der Lärchen haben die ersten Eiskristalle angesetzt. Das Jahr geht seinem Ende entgegen. Ich werde in der kommenden Woche den Koffer packen und zurück nach Gotha fahren.

In den Wintermonaten wird sich in Roberts Werkstatt kaum etwas verändern, er wird weiterhin alte Möbel restaurieren, neue Intarsien entwerfen, er wird sich auf seine Art und Weise mit den Hölzern unterhalten, die Jahresringe zählen, mit den Fingerspitzen über die Knorren hinweggehen, er wird um sieben Uhr früh seine Werkstatt aufschließen und zwölf Stunden später den Schlüssel im Schloß wieder herumdrehen. Er weiß, daß jedes Leben der Mühe wert ist, was der Mensch hinterläßt, die sogenannte Hinterlassenschaft, zählt nicht …

Bei der Arbeit das Ziel anvisieren; du mußt aber auch warten können, bis das Ziel in dich eintritt.

14. Dezember

WAS heute aus den Wolken fällt, ist kein nasser Schnee, der auf dem Boden verharscht, er ist fein wie Staub, stäubt von den Bäumen, den Sträuchern, er fällt mit einem leisen sirrenden Ton durch die braunen trockenen Eichenblätter.

Nach all den Aufzeichnungen scheint die Zeit für einen Augenblick stillzustehen, keine Abläufe, keine neuen Bruchstücke, eine heraufkommende Müdigkeit, ein Zurückschauen auf die »Wanderer-Fantasie«, die »Winterreise«, auf Bruder Eckhart. Ich weiß, daß die Erde wie ein riesiges Raumschiff durch den Weltraum rast.

Ich werde nicht mehr nach Salzburg fahren, durch den Mirabellengarten gehen, nicht nach Prag, zu den böhmischen Königen, ich werde am Himmelpfortgrund keine Notenblätter mehr auf das Notenpult legen, härtere Zeiten werden über uns hereinbrechen: wenn wir uns nicht besinnen, wird kein Stein, kein Wort, kein Ton auf dem anderen bleiben.

Wenn sich der Mensch erinnert, dann muß er auch den Mut haben, in die Asche zu sehen, die seine Jahre zurücklassen.

Die in uns wohnende Idee zu Ende leben.

15. Dezember

ES beginnt zu schneien. Gegen Mittag wird der Schneefall stärker, so dicht, daß man keine fünf Meter weit sehen kann. Vor meinem Fenster Schnee, nichts als Schnee, der lautlos aus den Wolken niedergeht. Es ist, als würde alles, was ich in den letzten Wochen und Monaten hier oben geschrieben habe, für immer zugedeckt, als bliebe nur noch ein weißes unbeschriebenes Blatt Papier zurück.

In meiner Kindheit war Advent eine Zeit zwischen Traum und Wachen, da glaubte ich noch an die Himmelsleiter. Irgendwo wurde sie an den Sternen aufgehängt, hoch über den Wolken, im Blau des Himmels, und die Kinderträume stiegen auf den Sprossen hinauf und wieder hinab. Solche Leitern verlieren sich im Laufe der Jahre, man weiß, daß es im Leben nicht allein auf die Himmelsleiter ankommt, daß man die Leiter Sprosse um Sprosse wieder herabsteigen muß zu den Menschen.

Ich ziehe die Kutte an und gehe hinaus. Die Waldwand weiß gesprenkelt, kein Vogelruf, eine große weiße Ruhe ist über das Land gekommen, man hört das Knistern des herabfallenden Schnees in den vertrockneten Blättern der Buchen. Plötzlich fangen die Glocken der Tambacher Kirche an zu läuten. Ich bleibe stehen. Nach einer Weile werden die Töne schwächer, als wären sie eingeschneit, aber dann sammelt sich von neuem der Ton, und plötzlich ist er wieder da, ganz nah, als würden die Glocken im Dachstuhl der Finnhütte hängen. Ich gehe langsam in den Schnee hinein, über die zugeschneiten Felder und Wiesen, hinein in eine unermeßliche Stille.